图解服务的细节
127

人間関係にも切り札がある

"笨服务员"解决术 2
培养有"眼力见"的员工

[日] 桥本保雄 著
尹宁 译

图字：01-2021-6481 号

NINGENKANKEI NI MO KIRIFUDA GA ARU
Copyright © 1997 by Yasuo HASHIMOTO
All rights reserved.
Illustrations by Takashi KUWAHARA
First original Japanese edition published by Daiwashuppan, Inc. Japan.
Simplified Chinese translation rights arranged with PHP Institute, Inc.
through Hanhe International (HK) Co., Ltd.

图书在版编目（CIP）数据

"笨服务员"解决术. 2, 培养有"眼力见"的员工／（日）桥本保雄 著；尹宁 译. —北京：东方出版社，2023.8
（服务的细节；127）
ISBN 978-7-5207-3560-5

Ⅰ.①笨… Ⅱ.①桥… ②尹… Ⅲ.①饭店—商业服务 Ⅳ.①F719.2

中国国家版本馆 CIP 数据核字（2023）第 125359 号

服务的细节 127："笨服务员"解决术 2：培养有"眼力见"的员工
(FUWU DE XIJIE 127: "BEN FUWUYUAN" JIEJUESHU 2: PEIYANG YOU "YANLIJIAN" DE YUANGONG)

作　　者：	［日］桥本保雄
译　　者：	尹　宁
责任编辑：	崔雁行　高琛倩
出　　版：	东方出版社
发　　行：	人民东方出版传媒有限公司
地　　址：	北京市东城区朝阳门内大街 166 号
邮　　编：	100010
印　　刷：	北京明恒达印务有限公司
版　　次：	2023 年 8 月第 1 版
印　　次：	2023 年 8 月第 1 次印刷
开　　本：	880 毫米×1230 毫米　1/32
印　　张：	6.125
字　　数：	111 千字
书　　号：	ISBN 978-7-5207-3560-5
定　　价：	58.00 元

发行电话：(010) 85924663　85924644　85924641

版权所有，违者必究
如有印装质量问题，我社负责调换，请拨打电话：(010) 85924602　85924603

前言
PREFACE

"与他人的关系总是处不好""和上司的关系僵化""总是抓不住员工的心""渴望得到声望却怎么也得不到"……

与人际关系相关的烦恼总是多种多样且复杂多变。无论是在商业领域，还是在个人生活领域，每个人都会或多或少地，在与他人的交往中遇到烦心事，于是，一些人开始积极寻找解决问题的途径。但是，如果空凭一腔热血，没有掌握解决问题的关键，是根本行不通的。

我曾经是一名业余无线电爱好者（热衷于通过无线电与志同道合的人交流）。年轻的时候，我曾痴迷于与素未谋面的人彻夜长谈。就这样通过电波，与未曾谋面的陌生人进行各种交流。也有过因为在电话里聊得十分投机，相约见面的时候。但令我感到不可思议的是，即使是在无线电交流中亲密无间的双方，真正奔现（网络用语，指在现实生活中见面）、四目相对的那一刻，也不一定能谈得来。

同样，在互联网通信技术全球普及的今天，那些"御宅族"们，即使在网上与对方聊得热火朝天，也不敢保证真正见面时，仍然有话可聊。

互联网上人与人间的交往方式，与现实生活中的截然不同。经常会有人混淆虚拟世界和现实世界的区别，这其实是一件十分危险的事。甚至有人因为将网络和现实世界混为一谈，犯下杀人罪。

那么，在现实生活中，为了获得良好的人际关系，我们应该怎样做呢？

首先浮现在大多数人脑海中的，也许是风靡一时的 EQ（情商，指情绪商数）。在被称为"心灵时代"的今天，EQ 被认为是人际交往能够顺利进行的关键，然而，针对这一说法，迄今为止还没有定论。

究其原因，我认为，这是由于人们对 EQ 的认知，普遍还停留在"同情""关照"领域。当然，表达同情和关照的话语，在人与人的交流中也是十分重要的。但是，如果站在解决人际交往中的烦恼、构筑良好人际关系的角度上看，只有这些是远远不够的。

能让对方抱有好感并欣然接受的"举止"和"氛围"、能敏锐捕捉到对方需求的洞察力、能拉近心与心之间距离的同理

前言

心，如果没有这些，是不可能建立起良好的人际关系的。所以，我认为真正的 EQ，就像一个感知器，帮助我们将这些能力转化为自己的内在技能。

在本书中，我想和大家分享自己对感知能力（感性）的看法。一直以来，作为酒店行业的从业人员，我见过形形色色的人和各式各样的场面。在此期间，我也领略过、感受过不同感性的魅力。本书的主旨就在于，逐一验证并了解每种感知能力的本质。

在验证结束之际，我惊奇地发现，能彰显感知能力的法则、方法，往往存在于人们意想不到的地方。我也重新意识到，卓越的感知能力才是人际关系中的杀手锏。衷心希望读者朋友们，借助本书，充分运用好这一技能，构筑良好的人际关系。

桥本保雄

目　录
CONTENTS

第1章
能够洞察人情绪的"感性"

❶ 能把人聚集到自己身边的人，通常具备这样的"感性" / 003

❷ 有想一起共事的人，也有避之不及的人 / 005

❸ 善于察言观色的人能够活跃"会场"氛围 / 007

❹ 小机智赢得大信赖 / 009

❺ 不注意说话方式，好意都有可能被误解 / 011

❻ 竖起感知的天线，解释解除误会 / 013

❼ 利用五感，去感知对方的情绪 / 015

❽ 磨炼感知体贴能力的方法 / 017

❾ 高尔夫运动中的"宽恕精神" / 019

❿ 比起"拥有什么"，更看重"能做什么"的时代 / 021

⓫ 为什么日本和美国对 EQ 的重视程度，走向了截然相反的方向？/ 023

I

第 2 章
能给人带来好感，是有缘由的

⑫ 业绩伴随推销员好感度的提升而增长 / 027

⑬ 好印象是训练出来的 / 029

⑭ 有品位的餐桌礼仪的诀窍 / 031

⑮ 用细致入微的观察，去理解对方的心情 / 033

⑯ 打招呼的一瞬，胜负已定 / 035

⑰ 用你的言行举止，让对方感到轻松 / 037

⑱ 自制，是对他人的体贴 / 039

⑲ 能提升好感度的"芳香疗法" / 041

⑳ 语言中的时髦话，你还记得吗？/ 043

㉑ 磨炼对时间、季节的感知力 / 045

㉒ 怎样表现自己的魅力？/ 047

㉓ 自然的表现都有可能掉入被误解的陷阱 / 049

第 3 章
能获得丰富人脉资源的诀窍

㉔ 能变成财富的人脉资源到底是什么 / 053

㉕ 会见关键人物的流程 / 055

㉖ 事前的资料收集，是唤起对方好奇心的关键 / 057

㉗ 30 岁的人应该具备哪些知识？/ 059

㉘ 三种类型的知己，能帮助你扩大自己的人脉关系 / 061

㉙ 初次见面时，用"固定用语"打开话题 / 063

㉚ 大学时代培养起来的人际交往能力 / 065

㉛ 想方设法让第三者成为你的伙伴 / 067

㉜ 寻找可以给予你建议的人的方法 / 069

㉝ 前辈的经验怎样才能利用起来？/ 071

㉞ 将自卑感变为积极的情绪 / 073

第 4 章
毫无感性的领导不受欢迎

㉟ 处事态度决定了你的人格魅力 / 077

㊱ 领导者最重要的资质是表现力 / 079

㊲ 好的智囊团可以提升领导力 / 081

㊳ 培育人的表扬方法、训斥方法 / 083

㊴ 领导力的核心是公平 / 085

㊵ 与属下交流的关键 / 087

㊶ 为什么德国人可以休一个多月的暑假？/ 089

㊷ 向历史学习，从经验获益 / 091

㊸ 能被员工接纳的领导的特质 / 093

第 5 章

与女性一起磨炼自己的共情力

㊹ 你会和妻子打招呼吗？ / 097

㊺ 从 40 岁开始交朋友 / 099

㊻ 有时，妻子是把双刃剑 / 101

㊼ 说出口的目标，一定要实现 / 103

㊽ 细腻的感知能力使人们心灵相通 / 105

㊾ 使心灵放松的解压法 / 107

㊿ 桥本派转换心情的方法 / 109

(51) 冒着犯忌的危险，我也想给他鼓气 / 111

(52) 时代已经从沟通转向了合作 / 113

第 6 章

解决冲突时的注意事项

(53) 被人背叛时的处方药 / 117

(54) 你能接受他人的指责吗？ / 119

(55) 最有力的制裁方式是“无视” / 121

(56) 不被欺负的方法就是“以牙还牙” / 123

(57) 道德教育需要身体力行 / 125

(58) 日本人说“不”时的内心独白 / 127

(59) 面对难缠的女性时…… / 129

第 7 章

一流的招待方式要向酒店人学习

(60) 指导手册中没有的一流的服务方式 / 133
(61) 一流的服务，能让人“喜极而泣” / 135
(62) 学会察言观色，灵活处理尤为重要 / 137
(63) 接待皇室成员更要有专业精神 / 139
(64) 酒店人的必备条件 / 141
(65) 会被裁员的人，不会被裁员的人 / 143
(66) “兴趣”创造行动 / 145
(67) 不甘心当一颗“小齿轮”的方法 / 147
(68) 应对抱怨最好的方式，就是建立有效的沟通体系 / 149
(69) 继承大仓酒店的“精神” / 151
(70) 日式旅馆和西式宾馆的服务差异 / 153

第 8 章

表达感谢的方式

(71) 有声望的人，都会践行“感谢循环法则” / 157
(72) “感谢您”，能说出口的人，和不能说出口的人 / 159

(73) 该用什么样的语言表达谢意？/ 161

(74) 意料之外的贺卡能使人印象深刻……明信片的写法 / 163

(75) 有没有事先确认对方的情况？……打电话的方法 / 165

(76) 能够拨动对方心弦的感谢信 / 167

(77) 饱含真心的礼物是？/ 169

(78) “送礼物”比想象中要困难得多 / 171

(79) 缘分不是结起来的，而是培育起来的 / 173

(80) 回想一下那些曾与你结缘的人 / 175

能够洞察人情绪的"感性"

第1章 | 能够洞察人情绪的"感性"

 **能把人聚集到自己身边的人，通常具备这样的"感性"**

有些人就像磁场，总能吸引人聚集到他身边。其中存在各种各样的缘由。

有可能是与他的交往很愉快，有可能是他很值得尊敬，有可能是他学识渊博，说话委婉……但无论是何种缘由，这种人自身所散发出来的魅力，并不是肉眼可见的。换言之，这种魅力只能用心去觉察。虽然"感性"这个词，在不同的场合都可以使用，但在我看来，只有那颗能够洞察一切的心，才能被称为感性。

人与人之间的真正交往，离不开相互间的"感性"相通。试想一下，如果有人总是用温暖的眼神注视着你，或是虽然话语严厉，但背后总流露出一股体贴之情，这时，"感性"就可以敏锐地捕捉到它们。相反，那些令人迷惑的甜言蜜语，或是针对你的地位或是立场进行的阿谀奉承，无论怎样巧妙粉饰，都不能走进"感性"的世界。

就我个人而言，每天都有很多人来找我商谈，或是有事相

003

求。但如果有人谋划"利用一下桥本",会瞬间被我看穿。无论对方态度怎样谦和、怎样彬彬有礼,只要他一靠近,我的"感性"就会看穿一切。相反,如果是心怀诚意的人,即使他的言行举止有些笨拙,我也能够感觉到他的诚心。这就是被称为"万物之灵"的人类不可思议的地方。

关于"感性",我们经常会在生活中听到"他感觉很敏锐"或是"她感觉比较迟钝"这类的话。确实,不同人的天资不同,在感性上的表现也不同。值得注意的是,在人际交往中,感觉是否敏锐、是否迟钝、是否丰富,都是会被看重的。除了动作和语言外,能让与你接触的人感到安心,感到被信赖,或是创造出某种愉快氛围的,除了"感性",再无其他。

能让"感性"百分之百发挥出来的关键一点,就是学会感谢。"能和您见面,有交流的机会,真是万分感谢",带着这样的感情与对方交流,毫无疑问,双方都可以感受到满满的诚意,防备之心或是心里的隔阂瞬间就消失不见了。相互之间的羁绊也开始萌发。

# 有想一起共事的人，也有避之不及的人

日常生活中，朋友、同事间聚餐，或是开交流会，邀请你参加时，想想可能会出现什么样的情况？

看着眼前参加聚会的成员名单，你可能这样想："那家伙也去啊，算了吧，不想去了。"当然，也可能有完全相反的情况，"啊！他也去啊，排除万难也一定要去。"

确实，在我们日常生活中，总有人是不受欢迎的，也有人特别受欢迎。细想一下就会发现，不受欢迎的人往往都有一个共同点。他们常常以自我为中心，看不起身边的人，经常对身边的人耍威风。人们通常从一开始，就看不惯他们这副德行，选择对他们敬而远之。当然，只要有一个这种类型的人存在，整个聚会的氛围就会被破坏。

虽然没有咨询过大家的意见，我认为那些热衷于借助自己的头衔，滔滔不绝地吹嘘个人经历的人，与上述以自我为中心的人还是有所不同的。如果是专门召开的某个人的事迹说明会，那就另当别论了，但在一个大家都渴望真诚交流的宴会

上，某个人的夸夸其谈就会与整个宴会的氛围格格不入。再没有比这更令人难以忍受的了，甚至连美食和美酒也变得难以下咽。

那些不会妥协的人同样不受欢迎。旨在重温旧情、加深友谊的交流会并不是一场辩论赛。那些固执己见、不懂变通、遇到与自己意见不一致的人、不把对方辩驳倒就绝不善罢甘休的人，也是难以融入这种场合的，有他们在，气氛就会变得紧张起来。那些习惯于摆出一副趾高气昂、目空一切姿态的人，更不受欢迎。在一个集体中，受欢迎的是那些认真倾听，即使对方的观点与自己的不同，也欣然接受的人，"啊，原来还有这种看法呢！"如果你没有这种气度，在集体中进行交流是根本行不通的。我们首先应该意识到：聚会是一个兼容并包的场所，它的目的在于交换各种信息，收集各种建议。

我承办过多种聚会，每次列邀请名单时，都会刻意避开上述类型的人。我考虑到上述类型的人的到来，会给其他宴会参加者带来不必要的麻烦，更重要的是，我担心他们自身会在聚会中感到丢人。如果某人是一个不被集体接纳的存在，他本身就十分可怜。如果你突然发现，最近很少有人邀请你参加聚会，就有必要重新审视一下自己的言行举止了。

 善于察言观色的人能够活跃"会场"氛围

与前面描述的情况相反,有些人仅是出席某个场合,就能活跃现场的气氛。这并不是因为他们技艺高超,也不是因为他们是话题的中心人物,而是只单凭他们独特的个人魅力,就可以令会场的氛围变得轻松愉悦。

我认为这类人更能给人带来好感。因为他们善于向对方表达好感,而感受到好感的对方又源源不断地向他们回馈自己的好意,就这样,大家进入了一个良性循环,整个交流过程中,都能感受到彼此间满满的善意。

像这类善于表达自己好感的人,也许他们幽默风趣,也许他们才气过人,但我认为最重要的是,他们善于把握所处的环境,善于察言观色。准确把握周围的环境,善于临机应变,是提升表达能力的重要一环。没有这些能力,前言不搭后语地乱说一通,即使对方有回复,好不容易才热烈起来的氛围也会瞬间消逝得无影无踪。这些不合时宜的话语的危害,千万不能小觑。

在大相扑界，有一名被称为"战技百货店"的相扑选手旭鹫山，他观察对手的能力堪称一绝。他能准确推算出对手进行下一个动作的时机，利用对手发力的契机，果断采用"内无双"（指捞起对方膝盖内侧，扭动身体打倒对方的招数）等相扑技能。虽说相扑建立在"敌进我进，敌退我进"这样不断向前进攻的基础上，但我觉得旭鹫山"敌进我退，敌退我扰"的相扑手法，着实精彩！也许是因为他掌握了蒙古摔跤的技能，每当看到他这样个头矮小的选手摔倒大力士级别的选手时，总让我激动万分。如果就掌握相扑精髓这一点来说，我认为他绝对是相扑界的第一。

以上所提到的，准确把握周围状况的能力，也可以叫作察言观色的能力。例如，当察觉到对方想要转变话题时，高情商的人会瞬间读懂对方的意图，并马上转换话题。相反，如果察觉到对方想对这个话题进行更深一层的探讨时，他们又会邀请对方进一步探讨。先一步读懂对方的意图，并做出相应的举动，确实与能带给对方多少好感直接相关。如果直到对方愁眉苦脸地怒吼道："你能不能别再提这个事了！"你才意识到对方不满的情绪，那你只能被别人认为是一个不会说话的人。

 小机智赢得大信赖

没有信赖,就不可能有和谐的人际关系。然而,构筑信赖关系并非易事,而失去这种信赖关系,却在转瞬之间。

有这样一类人,他们看起来气度非凡,值得信赖。所谓值得信赖,是指他们能够给周围的人带来"好感",当然,人们也愿意围绕在他们身边。在实际的交往过程中,无论被他人拜托什么样的事,如果他们能够在自己的能力范围内,不辞辛苦地帮助求助者解决问题,那么彼此间的信赖关系就会变得像磐石一般坚固。相反,如果他们只说一些"气度不凡""值得信赖"的话,当真正遇到有人求助时,却含糊其辞,并不施以援手,彼此间的信赖感则会转瞬即逝。

学会对自己的言行举止负责任,这是彼此间构筑信赖关系的基石。"有什么问题,欢迎随时来找我",有不少人一边拍着胸脯信誓旦旦地承诺,一边又对他人的求助敷衍了事。既然如此,还不如从一开始就不要承诺别人。我认为,光说漂亮话的人比不值得信赖的人还要低劣。

我也会经常要求下属完成某项任务，对那些连个像样的报告都提交不了的人，我一点信任感都没有。只简单汇报一句"我做了"，是远远不够的。无论什么项目，在推进的过程中都应该有几个关键节点。那么在汇报过程中，就应该分阶段汇报自己目前的进展情况，"目前，我们正朝着某个方面努力，已经到了某个阶段"。为什么要这么做？那是因为他们目前专攻的方向，并不一定是我所期望的方向。大部分情况下，每个项目都离不开中途修订的过程。但是，如果只汇报结果，就不可能及时修订偏离的方向。这样一来，一旦不成功，最终只能从头重新开始，白白浪费大量的时间和劳动力。这样的行事方式，是不可能给人带来信赖感的。

如果每次对方都可以提供一份详尽细致的报告，我就可以把握事情进展的方向，并竭尽所能地提供建议。哪里需要汇报，哪里不需要汇报，这就需要汇报人发挥自己的聪明才智了。这份机智，也被称作是揣摩领导意图的"感性"。

在商业领域，这样的"感性"更是必不可少。正如前面所讲的那样，脑筋不灵活的人很难在商业领域得到他人信任，也就不能被委以重任。如果只想当然地行事，是不可能把工作做好的。

 不注意说话方式，好意都有可能被误解

向对方表达好意，其实一点也不简单。在日常生活中，因为沟通不畅，好心办坏事的例子也屡见不鲜。

前几天，在我身边就发生了这样一件事。有位客人想吃汉堡，就向我们定了一份餐。汉堡通常是用绞肉做的，可以说没有绞肉，汉堡就没有灵魂。然而，十分不凑巧的是，那天绞肉刚好用光了。于是，厨师就把上好的牛肉剁成肉丁，制成了汉堡。他天真地认为，这次使用的食材，比普通的汉堡高级几百倍，顾客一定会欣然接受。

然而，顾客真实的反应究竟如何？"太难吃了！"顾客说道，"这种东西就不应该出现在汉堡里。"厨师委屈地说："绞肉正好用光了，所以我才用了100%的纯牛肉做了个豪华汉堡，没想到……"自己的"好心"却换来了完全相反的效果。在我看来，这样的结果主要是由于沟通不畅导致的。

如果遇到顾客预订的汉堡提供不了的情况，我认为，首先应该如实地告知客户。"十分抱歉，我们的绞肉刚好用完了，

做不了汉堡。但是，我们可以把牛肉切成肉丁再烤熟。您看，这种烹调方法可以接受吗？"这才是正确的交流方式。

牛肉切成肉丁再烤熟的烹饪手法，可以说是"俄罗斯风味牛排"。在和顾客沟通过程中，必须把这一情况如实传达给对方，我们目前虽然没办法制作汉堡，但我们可以制作俄罗斯风味牛排。而省略了这一重要的告知环节，只是自认为"使用了比平常汉堡更高级的食材，顾客就不会有意见了"，这种问题处理方式，就是在强迫对方接受自己的好意，结果肯定会事与愿违。

如果顾客点的是汉堡，送过来的却是俄罗斯风味牛排，不管牛排多么美味，顾客都会认为："太难吃了！这根本不是汉堡。"换个角度考虑，如果顾客事先知道食物是俄罗斯风味牛排，那他的反应肯定截然不同。

只有对方认可的基础之上的好意，才有意义。那些没有体察到对方心情，推测到对方意图的沟通（"感性的天线"，这里指沟通如同天线一样，帮助我们感知外界的世界），往往只能是"好心办坏事"的结局。

# 竖起感知的天线，解释解除误会

语言有想象的空间。这就是为什么我们所说的话，可能在不经意间伤害到对方。在现实生活中，我们也经常听到有人懊悔地说："我并不是那个意思……"

像这种语言上的误会，在没有解释清楚的情况下更容易发生。比如，设想一个这样的场景，对一位身材不高的人说："小个子真好。"尽管说话一方没有任何恶意，听话者也有可能感受到对方在夸奖自己"很可爱"，但如果对方对自己的身高感到自卑，她就有可能觉得对方在讽刺她是个"矮子"。这时候，如果加上适当的解释说明，误会就可以避免。

也就是说，需要把自己认为小个子好的理由解释明白。"最近，听身边的男性友人讲，他们一看到个子小的女孩子，就忍不住产生一种想要保护她的欲望。像我这种大高个，根本享受不到这种待遇，还是小个子的女孩子可爱啊。"这样一来，对方的感受就与刚才完全不同了。说话者也可以将她的本意真正传达给听话者。

能不能恰到好处地解释说明缘由，归根结底还是感性敏不敏锐的问题。首先必须能够及时、准确地察觉到对方对自己所说的话的反应，当意识到自己想表达的内容并没有如实传达给对方，相互间可能存在误会时，就应立即进行解释说明。希望每个人都能拥有敏锐捕捉对方心灵变化的直观感知能力。那些自以为自己所说的话，就如字面意思那样，已经准确无误地传达给对方的人，只不过是以自我为中心的骄傲自大罢了。

然而，在现在的年轻人当中，有这种只要自己过得好，其他都无所谓的想法的人越来越多了。这势必会影响到日常的沟通。每次听到这样以自我为中心的问答，都让我觉得十分不可思议。说话一方喋喋不休地说着自己想说的话。本来，会话是在双方都有应答的基础上才能实现的，现在的年轻人则完全打破了这个规则。接下来，换成另一方自顾自地说着自己想说的话。两人之间的谈话没有任何关联，当然这也谈不上是真正意义上的沟通。这样的交流，自然也没有必要去体察对方的内心。对此察觉不到异样的年轻人，只会在与朋友交流后，仍然被深深的孤寂感包围。如今仿佛真进入了感性迟钝的时代。

利用五感，去感知对方的情绪

我们经常说，站在对方的角度考虑十分重要。确实，如果只站在自己的角度思考问题，对对方心情上的变化或是心理上的波动，一点都不关注的话，相互间就不可能产生心灵相通的感觉。

恐怕读者中大多数人都认为："这个道理我懂。"但是，就我所观察到的实际情况来看，大多数人在交往中，根本做不到站在对方的角度来行事。

举个例子，当遇到一个能力较差的员工，在同一地方出错两三次时，大多数人可能会忍不住怒斥："你这个笨蛋！怎么说都不明白。"对方也是一个有自尊心的活生生的人，被你这么一说，双方一定会陷入唇枪舌剑、剑拔弩张的境地。"开什么玩笑，你既然都这么说了，我还干什么！"对方会语气强烈地回应道。其实，站在对方的角度思考一下，他也不可能想一事无成，一味犯错。现在的他很有可能对一事无成的自己感到厌烦、焦躁。如果我们能体会到对方的这种心情，那就能把目光转向他做得好的方面，引导谈话走向积极的一面。

"你看，你这不是做得很好嘛。一看就知道，你在一步一个脚印地努力着。"这样的评价，给对方的感受肯定截然不同。一种连这些小事都能被上司认可的喜悦感油然而生。你的话语在不知不觉中转换为激励他继续奋斗下去的力量源泉。"十分感谢您的夸奖，我会继续努力的。"在这样的回复中，他已经对自己的能力产生了些许自信，而这份自信的力量，将会帮助他干劲十足地迈向下一段征程。

如果对方完成了既定任务，千万不要吝啬你的表扬："只要做就一定能做好嘛，你小子真了不起！"当察觉到对方完成工作后渴望得到表扬时，不要犹豫，马上赞扬，听话者一定会宛然一笑，激动万分。而这份感动，将会激励他在获得更高成就的过程中不断努力。

体会对方的情绪，需要我们动用自己的五官来全方位感受。不仅要时刻关注对方的成长，还要时刻倾听那些可以了解对方心理状况的信息。更要用自己的五感去感受当前的氛围。如果你能充分利用好自己的五官，那么你会发现，原先许多看不见的东西，突然能看见了。

# 磨炼感知体贴能力的方法

如今的时代,仿佛是一个没有关怀的时代。过度标榜个人独立的弊端就是,越来越多的人无法体会到别人的心情。

举个例子来说,设想一个你的朋友也好,熟人也好,向你求助的场景。如果你对此丝毫不感兴趣,只简单粗暴地说一句"我讨厌干这种事"就这样直接拒绝对方的话,不用说加深双方的关系了,用心交流都谈不上。当然,如果是对方一味任性的要求,应该果断拒绝。因为接受对方任性的要求,必然伴随着自己要作无谓的牺牲。迟早你会对对方发脾气:"就为了你这个任性的要求,凭什么我要作出无谓的牺牲,开什么玩笑!"

相反,如果对方十分真诚地向你求助,要体谅到对方那份真挚的情感。"你既然都这样说了,我来助你一臂之力吧。"如果你的帮助起了作用,对方一定会感激万分。"托您的福,十分感谢!""多亏您的帮忙,结果太理想了!"在这样的交往下,两人之间的关系也会跨越之前的界限,迈向新的阶段。彼此间

的羁绊也会越来越深。

仅凭一句话、一个动作，就可以让人际关系融洽起来。但是那些过分强调个人主义，以自我为中心的人，是不可能拥有这样的机会的。

生活中，总有一些人强调："讨厌的事就是讨厌，无论怎么说都讨厌。"一方面，可以说他是真性情，另一方面，可以说他还不能从本能的情绪中走出来。人不仅有本能，还有智慧。发挥聪明才智，寻找与本能之间的契合点，体谅就是在这样的过程中产生的。

而在现在繁忙的都市生活中，邻里之间连招呼都不打，似乎已经成了司空见惯的事。在这种环境中长大的孩子，没有体谅他人的能力，这是件无可奈何的事。遗憾的是，不能体会到他人关怀的人生是孤寂的，而不懂得设身处地为他人着想的人生是可悲的。

 高尔夫运动中的"宽恕精神"

"宽恕精神"这个词想必大家都听说过。

宽恕即宽容大度、体恤他人的意思,用我们耳熟能详的话来表达,就是"己所不欲,勿施于人"。这句话的意思是:对于自己不喜欢的事物,就不要强行施加到别人身上。我认为这句简单的话语中蕴含着能给他人带来好感的秘诀,而在现实生活中,正是由于不少人满不在乎地做着令人感到讨厌的事,才使我们整个社会的风气变坏了。

一次,我去高尔夫球场练习击球,整个过程中,有个人要么挡在我面前练习单人击球,要么跟在我身后来来回回地不停走动。即使业余的高尔夫球手,击球的过程中也需要注意力高度集中。实在忍无可忍了,我不得不对他说:"不好意思,麻烦您让一下。"然而到下一个球位,他还是旁若无人地继续这样做着。对于这种完全沉浸在个人的世界中,对周围一切都毫不在意的人,我是绝对没有任何好感的。

另外,我也经常看到,除了运动员以外,总有一些人接二连三毫不在乎地闯进发球区。即使运动员已经摆好姿势，专注击球了，旁边的人还是叽叽喳喳地说个不停。高尔夫本来是诞生于英国的绅士运动，而如今，打球的人连基本的礼节都没有。更让我忍受不了的是，那些随便在草坪上践踏其他选手的推球线路的人。即使是业余高尔夫球手，也知道这会微妙地改变击球进洞的路线。甚至有些选手可能因此莫名地紧张起来，导致得分惨不忍睹。业余选手和专业选手一样，都易受到心理暗示的影响。

在日本的商业领域，除了常规的商务接待外，最近开始流行高尔夫接待。如果你平时就是这种随意的打球风格，和最重要的客户打球，很有可能在不经意间将球风暴露出来。客户会认为你没有高尔夫精神，没有诚意，脑海中深深印下了你那满不在乎的表现。甚至有可能，他们会请求你的公司："不好意思，我觉得这个人不适合做我们的负责人，能不能把他换掉？"

第1章｜能够洞察人情绪的"感性"

 比起"拥有什么"，更看重"能做什么"的时代

如今，与"EQ"相关的词汇逐渐流行起来。情商（Emotional Quotient），与"IQ（智商，智力商数）"相对，用来描述人在情绪、意志、耐受挫折等方面的品质。以往，我们通常更看重智商高的人，他们丰富的知识、深厚的教养备受人们喜爱。随着时代的发展，如今大多数人认为只有那些内心情感丰富，懂得感激的人，才能肩负起时代的重任。这种变化，我认为，可以看作是人类社会从看重"物质"到看重"精神"的进化。

战后，日本以惊人的速度走向了复兴之路，快速进入了经济高速增长期，人们开始追求经济上的富足。拥有众多物资是富裕的象征，人们开始拼命工作，以实现经济上的自由。就像"国民总中流意识"① 所描述的那样，在物质领域，人们都富

---

① 国民总中流意识，又被称为一亿总中流意识（いちおくそうちゅうりゅういしき，或称一亿总中产意识），是1960年代在日本出现的一种国民意识，在1970和1980年代尤为凸显。是指在终身雇佣制下，九成左右的国民都自认为是中产阶级。

021

裕起来,彩电、汽车等现代化家用电器,这些人们曾经"渴望"得到的东西,走进了千家万户。如今的时代,已不再是优先追求"物质"的时代了。时代价值也开始更加注重"精神"领域。那重视精神的时代,究竟是什么样子的?

当今时代,是一个比起强调"拥有什么"、更看重"能做什么"的社会。具体而言,比如在商业领域,只拥有知识和教养的人,已经很难跟上商业行业的变化了。如果只拥有知识和教养,不会用所学去思考,不会用心去感知,是根本行不通的。当今的商业领域,需要用真情去经营,用感动去沟通。

大仓酒店过去也是借助IQ等智力测试的方式来选拔人才。但是,当今的社会,已不再只以头脑聪明、智商高为标准,来进行人才选拔了。酒店从业人员,更需要一颗能感知、会感动的心。

以上所提到的感知能力、感动能力,是我们人类所具备的、最宝贵的财富。它比物质财富的使用范围更广,并且取之不尽用之不竭。不仅如此,还会越使用越精通,甚至可以产生"利息"。希望大家意识到这一点。只有这样,无论是在商业领域,还是在人际关系领域,你才能尽情地运用自己这部分财富。时代已变,它正朝着精神富足的方向迈进……

11 为什么日本和美国对 EQ 的重视程度，走向了截然相反的方向？

大和民族是个注重情感的民族。最有代表性的当属日本人那相当默契的配合了。

在这点上，与崇尚理性至上的美国截然不同。大约在 20 多年前，我去纽约著名的"布鲁克斯兄弟（Brooks Brothers）"时装店买衣服。某个专柜前，我对身旁的店员说："麻烦您帮我拿一下，我想试穿一下那件衣服。"没想到对方冷冰冰地回答："那不是我的销售区。"于是我接着问："那么请问，谁负责这个区域呢？"对方只是告诉了我负责人的名字，并满不在乎地告诉我，她并不知道负责人去哪了。结果，我不得不等售货员回来。看到这样的处理方式，我不禁感叹："这就是美国呀！"

然而，今天的美国发生了翻天覆地的变化。当然，他们不会越位到其他销售区，但如果恰好这个区域的售货员不在时，他们会帮顾客寻找合适的衣服，在负责人回来之前，详尽地回答你的所有问题。如果这单生意做成了，负责人会带着物品和小票，引领你到收银台，甚至帮你运送到停车场。这让我深刻感受到，美国人意识到了与顾客进行情感交流的重要性，并在积极践行这一理念。

而另一边，原本注重情感交流的日本人，却像过去的美国人一样，情感表达匮乏。

究其原因，我认为这是由于情感教育，并没有在学校或家庭中被培养起来。教养就是在礼仪礼节和社会生活等方面所必须遵守的规矩。而这个规则，必须在幼童时期培养起来。这就是人们常说的：三岁看大，七岁看老。

当然，日本的精品店或是其他的小商店里的店员，貌似格外热情，他们会像苍蝇一样在你身边喋喋不休地推销商品，想必大部分读者都有类似不愉快的经历吧。这样的行为，和重视与顾客的情感交流没有丝毫关系，只能给顾客一种强加于人的感觉，除了令人感到厌烦，也起不到任何好的作用。

如今，关于 EQ 的讨论越来越火，而现实中人与人之间的情感却冷淡了下来。我认为，在情感交流领域，日本和美国的差距越来越大了。如果我们再不回到那个原本充满温情的日本，那么只能变成一个冷漠的国度。

第 2 章

能给人带来好感，是有缘由的

12 业绩伴随推销员好感度的提升而增长

买卖就是商业。就像在专业棒球选手的世界里，看重"能打就行""赢了就行"那样，做生意同样如此。在商业领域，我们首先会关注"谁"卖了"多少"，这些真实的数据会真实说明商业人士的才能。

话说回来，能力超群的销售员究竟应该具备怎样的技能呢？众所周知，做生意也是有技巧的。有些销售员如鹦鹉学舌一般，熟记这些规则和话术，无论遇到什么情况都以一套固定的说辞应对，显然是行不通的。在竞争如此激烈的商业领域，他们早晚会被淘汰。

让顾客感受到商品的附加值，这是成功的销售员必备的基本能力。在现实中，生产商都在生产相同标准的商品，就商品本身而言，并没有多大差别。当然，经销商也可以通过打折的方式促销，但如果陷入没有底线的价格战，结果等同于自杀。

差别度是决定销售员在顾客面前"好感度"高低的关键因素。比其他销售员更详细地了解商品的性能，可以给顾客带来好感,同样,周到细致的售后服务当然也能赢得顾客的青睐。例如,汽车销售员如果能把说明书以外的有关汽车性能的内容详细介绍给顾客,顾客会更容易对他们产生信赖感,更容易接受他们的推荐。

此外,在交易完成后,还定期拜访客户:"汽车的行驶状况怎样?"做好细致售后服务的销售员,与那些卖完商品就甩手不管的销售员相比,更容易赢得顾客的信赖。久而久之,客户可能某天突然对你说:"我有个朋友想换车,我就把你介绍给他了。"

自己的客户成为新客户的介绍人。这是一名成功销售员必胜的武器,这份财产也会逐渐给你带来"利息"。

如今日本的商界,还是一个看重学历的环境。但那些凭借高学历沾沾自喜、不求上进的人,早晚会被意识到好感的重要性,并为了提升好感度而不断学习、积累经验的人所赶超。对此,我深信不疑。

13 好印象是训练出来的

能给人带来好感的言行举止，是需要后天训练的。众所周知，爱笑的人、说话温柔的人，容易给人带来好感。虽然在某些方面，受欢迎与否与个人先天的资质有关，但仅依赖先天资质，也是远远不够的。

例如，吃饭时如果有人把胳膊肘放在桌子上，筷子乱用一气，无论他平时表现得多么和蔼可亲，给人的好感度也会大大降低。正确使用筷子，这是我们每个人都应该掌握的基本餐桌礼仪。仅仅是这样一个小动作，也能让旁观者感受到你的教养，对你的好感大大增加。而这些技能的获得，离不开后天的训练。

过去，几乎所有家庭都会教自己的孩子如何正确使用筷子，而现在，很多父母自己都不知道怎样使用筷子。于是，我们开始期待学校能教授孩子们正确的使用方法。然而，学校吃饭时所使用的，是一种叫作前端裂纹匙[1]的、臭名昭著的奇怪

---

[1] 一种既是勺子又是叉子的餐具，前端裂成三块，穿了槽和孔，虽然是勺子，但也可以作为叉子使用。

餐具。可以说，对于期待孩子能获得良好用餐教育的人们来说，现在是走到了绝境。我也常常和员工们一起吃饭，如果有谁的筷子使用方法不对，我会当即提醒他注意，当然，至于要不要改正，全凭个人自觉。

我也曾在餐桌礼仪上有过不堪回首的经历。那是我年轻时在法国发生的事。在一次晚宴的餐桌上，斟酒侍者刚刚将红酒倒入杯中，我就马上端起来喝了一口。举办晚宴的夫人马上用极其严厉的眼神瞥了我一眼。这仿佛要射穿我心脏的眼神，使我不由得颤抖起来。

在法国，所有人的酒杯都倒满红酒之后，主人会开始激情澎湃的演讲，之后，所有人举杯共饮，庆祝这欢聚的时刻，这才是该有的礼节。我由于不懂规矩，无意间"抢跑"了，夫人一边暗自批评着："没有教养的家伙！"一边严厉地瞪了我一眼。之后，我为我无理的表现道了歉，夫人也一脸温和地接受了，但我明白，我的所作所为，没给法国人带来一丝"好感"。我所带来的恶劣影响，不只是简单一句"只不过是喝酒的方法不对嘛"就可以消除的。

时至今日，我依然十分感激当年那位夫人的严厉一瞥，她教会了我一个道理，也让我学习到了一个能获得好感的举止。因此，在日常生活中，始终保持一个无论在哪都虚心学习的态度，是十分重要的。

14 有品位的餐桌礼仪的诀窍

如前文所述，餐桌礼仪是决定一个人好感度的重要因素之一。

有些女性，容貌美丽，举止得体，谈吐大方，看起来格外优雅高贵，但她们在餐桌上的表现，却会令你大跌眼镜。令人难以置信的是，她们使用筷子、刀叉的方法也是乱七八糟，与其优雅的形象形成鲜明对比。

其实，用餐方式也可以展现一个人的品性。有没有读者有过这样的体会，当看到你的邀请对象在餐桌上，用筷子拼命将食物扒进自己碗里的场景时，你有没有后悔邀请她共进晚餐呢？

当然，餐桌礼仪并不是必须遵守的社会规则，按照自己喜欢的方式来，也并不会妨碍到他人。然而，是否能掌握基本的礼仪，给他人带来的印象会有天壤之别。过去最有代表性的，是有人因为不懂西餐的礼节，喝了洗指盘①里的水的故事。如

---

① 吃西餐时端上来洗手用的小盘，在直接用手抓食菜肴和水果前使用。

今，我想，已经没有人会再犯这么低级的错误了，但是叉子的使用方法不对，面包不撕就直接大口咀嚼，还是大有人在。在这种情况下，如果本人丝毫没意识到问题所在，更加麻烦。是该提醒他注意呢，还是任其所为呢，弄得周围的人也不知该如何是好。试想一下，这样的餐桌行为，实在配不上满桌子的美味佳肴，甚至会让主人懊恼："啊，要是没有邀请她（他）来赴宴就好了。"给周围的人留下这样的印象，可不是好事。

话说回来，我们也没必要学会像英国贵族那样正式的礼节，也没必要像吃怀石料理那样规规矩矩，我们只需要掌握基本的、不给周围人增加负担的礼仪即可。像把筷子的一端含在嘴里，来回咀嚼，发出嘶嘶声的"品箸留声"行为，用筷子来回在菜盘里巡视的"执箸巡城"行为，把筷子插在盘子里的"定海神针"行为等，如果你在餐桌上没有以上不礼貌的行为，那么可以说你的餐桌礼仪是有进步的。在使用刀叉的场合，我们一般人，能正确区分切鱼和切普通肉类用的刀叉，就足够了。刀刃是锯齿状的，一看就知道是切肉用的。即使在用餐过程中你并不确定，也没有关系，你要做的是不着急动手，先去观察那些有教养的人的言行举止，并模仿他们。我们都需要从模仿开始，这是掌握餐桌礼仪的捷径。

15 用细致入微的观察，去理解对方的心情

人与人的交往过程中、沟通过程中，都需要把自己的情感或是情绪传达给对方。语言当然是传递情感最重要的手段之一，但有些感情单凭语言传达，是远远不够的。比起语言，有时候表情更能帮助我们表达喜怒哀乐。回想一下，当你高兴时，即使没有说出口，你的表情，甚至你的全身上下，都会流露出喜悦之情。即使那些"性格偏阴郁，不擅表达高兴感情"的人，如果是发自内心地开心，他们也会自然而然将喜悦流露出来。如果你希望自己可以有意识地用表情表达情感，那么必要的训练是必不可少的。

首先，我们要做到学会注视着对方讲话。交流过程中，如果你一直眼光看着下方，或是故意避开对方的视线，那你既不能感受到对方的情感，也不能将自己的情感传达给对方。只有四目相对时，你才能被对方高兴的情绪所感染，自然而然笑出声来。我在举办大型演讲活动时，也时刻提醒自己要注视到在场的每一名听众。其实想要做到这一点，我需要不断前后左右

地环顾,目光始终不能集中起来,也需要时刻提醒自己,要尽可能做到与在场的所有人目目相对。

从做公共演讲开始,我开始构思发言的整个流程。说是思考,也只不过是构思出了演讲内容的大致框架,演讲不是国会辩论,不能像国会辩论那样照着稿子一字一句地念。究竟该有个什么样的小插曲?玩笑该怎么开?这些都需要根据现场的氛围灵活变通。也就是说,需要跟着现场的氛围走。想要在短时间内精准地判断出现场的氛围,不关注听众的表现是绝对不可能的。

听众对所讲的话题是否感兴趣?是不是有点听腻了?表情是否有些僵硬?现场是否有点过于无拘无束……这些问题,看一眼就能明白。这时,可以根据需要微调包括说话语调在内的表达方式,或是加入笑话。这就是根据听众的反应推进话题。一个演讲者是否具备这种演讲机智,决定了他的演讲有趣还是无聊。而想要做到这一点的关键是:学会观察。

16 打招呼的一瞬，胜负已定

我曾经在大阪，举办过一个聚集了旅行社的科长、部长等大概150人的聚会。因为我也是主办者之一，那天，我很早就恭恭敬敬地站在门口迎宾。然而，真正注视过我，和我打过招呼的人几乎没有。只有大约七八个人礼貌地回复了我。大部分人都是和朋友或一起来的人边谈边走，连正眼都没看我一眼。这给了我不小的打击。

全员入场后，主办方欢迎致辞结束，轮到我发言了。

"我今天心情不好。为什么呢？今晚我都站在门口，向在座的诸位打招呼，'晚上好！欢迎光临！'而真正礼貌回复我的，只有几个人。诸位不知道有种东西叫作礼仪吗？或许大家都习惯了参加这种类型的宴会，但大家聚集到这里，应该不只是为了吃东西吧……"

看到举办方突然发了脾气，会场马上安静下来。我认为我说的没错。连招呼都不会打的人，是不可能把自己设计的旅行纪念品卖给顾客的。

旅行观光行业，需要制订旅行计划的旅行社、为顾客提供住宿的酒店行业、提供运输服务的航空公司或是运输公司，各司其职合作完成。因为其他行业都是为酒店输送顾客，所以此次宴会由我们来主办，但如果大家都抱着"我们就是酒店行业的客人"，这样的思想来谋求共事，我们之间是不可能有良好的合作的。我就是想让大家明白这一点。

宴会的最后，很多人纷纷和我打了招呼："啊，宴会这么快就要结束了，感觉还没尽兴呢""此次活动十分有趣"……他们觉得我那顿抱怨好像缺了个画龙点睛之笔，于是将我邀请进来，自发给那天正好过生日的人举行了一个生日派对。寿星们受邀站在舞台上，每个人得到一小块生日蛋糕作为礼物，大家一起唱起了生日歌。这样一来，我的怨气瞬间消失得无影无踪。

想要获得好感，就恨不得飞扑进对方眼里，一刻都不离开对方的视线。其实很多时候，在打招呼的瞬间，就已经决定了你是否能给对方带来好感。那些蔑视寒暄作用的人，早已输得一败涂地了。

17 用你的言行举止，让对方感到轻松

我二十三四岁时，经常练习如何在众人面前讲话。我曾经做过讲师，工作的主要内容就是帮助女子高中或是其他学校马上毕业的学生，了解基本的餐桌礼仪。那时候我常常被学生问得哑口无言，甚至紧张得前言不搭后语，目前还有记忆的，就有250多次。这么多次教训给我的启示是：行为举止，特别是手势，非常重要。

把手张开，打开你的手掌，如同你打开的内心，表示在交流过程中，你愿意敞开心扉接受对方。而如果紧握双拳，或是做出用手指着对方的姿势，就会让对方感受到压迫感，心灵交流就不可能顺畅地进行下去。在想要推进话题的场合，张开手向对方做出"请"的手势，和用手指着对方做出"请"的姿势，给对方带来的感受是截然不同的。不用说，前者更容易让对方在轻松的氛围中侃侃而谈。

两三年前，我还担任过大学讲师，现在的大学生，与当年的女高中生相比，言行举止更加恶劣。课堂上随便讲话，上课

睡觉，一点都不认真听讲。也许有人说，这就是年轻人的个性，我是不允许我的学生这么没素质的。所以，每次上课前，我都会先给他们"当头一棒"。

"我说你们啊，专门从校外聘请专家来上课的时候，也是这副德行吗！没有一点学生该有的样子，我不是求着你们来的，是你们邀请我来上课的，这是邀请方该有的态度吗？你们大学生，所接受的就是这么不像话的教育吗！"

为了不以偏概全，需要特意指出的是，教授的课一般不会这样。这是因为学生普遍对教授抱有是"自己人"的意识。如果看到大声发火的"自己人"，大部分学生会马上变得老实起来。追求自由的氛围也好，追求宽松的坏境也好，成年人必须有基本的社交礼节。

18 自制，是对他人的体贴

在与人交往的过程中，发自内心的款待、体贴、欢迎等十分重要。如果没有这样真挚的情感，对方是不可能从心底接纳我们的。问题的关键是，我们该用怎样的方式，来表达这种感情呢。无论你对他人多么体贴，多么想盛情款待他人，如果不能表现出来，对方是不可能体会到的。

因为在酒店工作，我们款待国外来宾的机会很多。日本人和外国人在文化传统、风俗习惯上有所不同，接待的方式也肯定有所不同。

例如，在寒暄中，日本人通常会在距离对方一米之外的地方相互行礼。而外国人通常会在30厘米的近距离相互握手。这里，就需要我们注意与日本人不同的"款待细节"。注意自己是否有体臭或是口臭。

如果是在一米开外，体臭和口臭是不容易被察觉到的，但如果换成30厘米的近距离，对方就有可能感受到。无论你的仪表多么整洁，举止多么无可挑剔，如果你身上有刺鼻的体臭或是口臭，你之前所有的努力就都白费了。尤其在日本，因为普遍没有和初次见面的人如此近距离接触的传统，人们往往容易忽略这一点，外国人却对此格外上心。

日本人只有在牙齿已经隐隐作痛时，才会想起去看牙医，而国外的管理层人士，会定期去医院检查牙齿状况，包括检查是否有口臭，这已经成为人们的普遍共识了。也许有人说，日本和国外的习惯本就不同，没必要要求日本人和外国人一样，但时代在逐步走向全球化。尤其是在与外国人的交流机会逐渐增多的今天，如果一味标榜日本人的风俗习惯，我们就不可能在国际化的道路上更进一步了。

喝酒不知道节制的人，尤其要注意。特别是在第二天有重要会议的情况下，千万不要饮酒过度。"不好意思，昨天喝多了，今天还有点宿醉"，这样的借口，在外国人那里是根本行不通的，因为他们认为："每个人都要为自己的饮酒行为负责。"如果被认为是不能控制自己的饮酒量的人，那么，毫无疑问，你的商业能力也一定会被连带质疑。

19 能提升好感度的"芳香疗法"

虽然远不及能分辨各种芳香的平安时代（日本古代的一个历史时期）的人，但我很喜欢香气。每天清晨，对着佛坛双手合十祈祷时，我会使用好几种线香。这些香气，有些可以让我想起父母，有些可以让我想起恩师或是其他照顾过我的人。我喜欢芳香，很大程度上也是受职业影响。

作为酒店行业的从业人员，必须有一个对异味敏感的鼻子。如果在酒店内发生火灾，为了让顾客们尽快撤离到安全区域，把火灾损失降低到最小程度，能够及时发现异味、察觉异常十分重要。即使不是这样的突发事件，酒店内令人不快的异味，也会大大降低顾客们对酒店的好感度。

大仓酒店在许多顾客注意不到的地方，放置了各式各样的除臭装置。虽然有些酒店也使用像百花香这样的芳香剂，但我们认为，顾客们对香气的喜爱千差万别，与其放置一种顾客不喜欢的香，还不如将令人讨厌的味道消除，这就是大仓酒店的待客之道。在人的五感中，嗅觉是能左右好感度的关键因素之一。打扮时髦、身材曼妙的美妇人,如果是喷了方圆数米都让人觉得有"威慑力"的刺鼻的香水,我相信无论她多么精心准备的款待,都只会让人好感全无。甚至希望能远离她几米,用电话的方式与她进行交流。

我自己也有好几种常用的化妆水①。我会根据当天的心情或是情况,选择符合心境的使用。如果当天的心情有些沉重,我会选择清爽点儿的、柑橘系列的化妆水。另外需要格外注意的是,使用的量一定要控制好。男士如果使用比女士还要强烈的香气,只会带来相反的效果。近距离接触,可以闻到一丝丝香味的程度,就足够了。这种程度的香味,是不会损害双方间的好感度的。

会打扮的女士,不仅在身上,在手绢上也会喷上一点香水。一旦遇到有男士借手绢的场合,闻到手绢上的淡淡清香,他一定会对您刮目相看。

---

① 化妆水,一种芳香制品,香味比香水淡,无持续性。

20 语言中的时髦话，你还记得吗？

无论男女，盛装打扮都是表现自己的有效手段之一。当然，把工作丢到一边，只沉迷在梳妆打扮上，除了个人仪表，其余的都不关注，反而会令人觉得你思想浅薄，徒有其表。社会生活的基础就是良好的人际关系，影响人际关系的因素无处不在。那些自认为"自己打扮成什么样，都是个人的自由，与他人无关"的想法，只不过是自欺欺人罢了。

然而，我并不是说必须用昂贵的饰品来装饰自己。如今也不知道是第几次奢侈品热潮了，那些贴着古驰、阿玛尼、麦丝玛拉等品牌标签的、价格高昂的衣服和包包，似乎很受大家欢迎，但想把这些外国高档品牌真正穿出品位，其实是件十分困难的事。大部分人的可怜之处就在于自己并没有意识到，这些昂贵的衣物其实与自己并不匹配，对他们来说，不是"名"不副实，而是"牌"不副实了。不要忘了，穿干净整洁的、适合自己的衣服，才是时尚的真正含义。

讲了这么多，其实我在这儿最想强调的，是言行举止的时尚。我看国外电影时，与其说关注故事情节的进展，不如说更关注演员的言行举止，多年的观察使我受益匪浅。这么说可能有点对不住其他演员，如果出演硬汉形象，我认为亨弗莱·鲍嘉（Humphrey Bogart）一定是最佳人选，他吸烟的方式、点烟的姿势、叼着烟的神态、吐烟的动作……都分外有型。无论是举止动作，或是手不经意间插进裤兜的姿势，都别有韵味。"啊，真帅！"每次我都是一边忍不住赞叹，一边瞪大眼睛观察，他的姿态已深深烙印在我的脑海中，我甚至会在不经意间，做出相同的动作。

其实在语言方面，也有可以一决高低的地方。在幽默用语和诙谐风趣方面，日本和美国的差距还是很大。

我又想起了只有在国外电影中才会出现的台词，比如女士问男士："你昨晚做什么了？"男士答道："那么久的事早忘了。"女士再问："今晚我们见一面吧！"男士回答："时间还早呢，我不能确定是否有空。"

21 磨炼对时间、季节的感知力

有关 TOP（时间，场合，地点，TIME, OCCASION, PLACE）的语言在许多场合都会使用。当然，我们也需要区分语言中 TOP 的不同之处。比如，在演艺界，即使天已经完全黑了，相互打招呼时还是会说："早上好！"我并不清楚这种说法的根源在哪儿，不过现在已经被完全固定了下来，演艺界的人丝毫感觉不到有任何不妥，即使在深夜，他们也是相互问候："早上好！"

实际上，酒店行业的工作人员也是同样的问候方式。我们还曾就这个问题进行过讨论。酒店行业至今仍是无论几点钟，都相互问候"早上好"，理由如下。酒店行业的工作是 24 小时制。酒店行业从业人员是轮班倒，换班前交接注意事项。因此，有早上 8 点上班的员工，也有晚上 8 点上班的员工。对于后者来说，每天都是下午 8 点开始工作，对他们而言，这就是一天的开始，是"早上"，所以应该相互问候"早上好"。

然而在普通的公司中，我们应该根据具体的时间点选择合适的问候语。我相信,傍晚拜访客户时,你不会问候对方:"早上好。"但是,经常会有人在无意间忽视了时间的作用。例如,昨天酒宴上一起痛饮过的人,第二天早上,又在工作单位碰到了,肯定会有人继续寒暄:"昨天那家店真不错,食物美味,酒的品种也很多……"像这样,絮絮叨叨地说着"昨天的继续"。虽然是好朋友,这样没完没了地寒暄也会令人不悦。尤其在马上就要开始工作的时间点上,昨天饮酒的话题,是不可能给彼此带来崭新的氛围的。当然,如果是昨天受到了款待,"昨晚,感谢您的盛情款待",这样简单的寒暄就够了,注意不要像个长舌妇一般,叽叽喳喳地说个不停。

　　季节也与时间一样。日本是个春夏秋冬四季分明的国度,因此,我们在选择话题时,也要注意选择符合四季风俗的内容。无论你多么喜欢冬天,在炎炎夏日不断提起银装素裹世界的乐趣,只会让人觉得你是个毫无季节感的人。就因为如此,别人对你的好感度也会大大降低。对时间、季节等自然事物的敏感性,同样是一个人感性的重要部分。

22 怎样表现自己的魅力？

我通常都是自己开车去大仓酒店上班。途中，遇到红灯等停车驻足时，我喜欢眺望熙熙攘攘的街道和人群。自然，观察女性的时候也比较多，经常能看到腿部曲线优美的年轻女性。但再仔细一看她们的走路方式，瞬间觉得白白浪费了一双美腿。"你们啊，平日里多注意一下自己的走路姿势吧，好的姿势才能增加你的魅力啊，真是可惜了！"最后，我总是忍不住这样唠叨出声来。

女性通常在化妆、秀发护理上花费大量的精力，却对走路方式、自己的姿态，一副漠不关心的样子。很多女性每天孜孜不倦地用高档化妆品护肤，经常去美容院做护理。而我认为，她们只有在稍微注意到自己的走路方式、个人姿态的基础上，上述的种种努力才不会白费。巴黎时装周或米兰时装周上的模特，哪个不是姿态迷人、风姿飒爽。当然，她们有着与生俱来的黄金比例身材，但她们的姿态、走路的姿势，也是决定"魅力"的关键因素之一。挺胸抬头，跟着节奏迈开步伐。仅是意识到这一点,你的魅力程度就至少向上提升了一个或是两个等级。

另外,我们也必须了解自己的魅力究竟在哪里。精致的脸庞、曼妙的身材、温婉的性格,同时拥有这三点的女性几乎没有。同样,没有任何魅力的女性也几乎没有。所以,我们需要做的,是找出自己有魅力之处,并将其最大程度地发挥出来。

每个人都有对自己没有信心的地方,想办法遮盖自己的不足之处,在我看来是消极的表现。因为想办法让"(不自信的地方)变得不显眼",本身就是一种消极的处世态度。我们可以换个角度思考一下,如何让我们有魅力的地方充分显现出来,就变成了想办法让"自己的魅力彰显出来"这样积极的处事态度了。对我们每个人而言,与其烦恼如何遮掩自己的不足之处,不如思考如何让我们的魅力散发出来,更轻松愉悦吧。

当然,我们都必须客观地看待魅力。如果只是自己认为自己好,那不过是单纯的自以为是。"你的笑容很甜美呢!"像这样,至少被别人指出过一到两次的地方,才是你的魅力之处。

23 自然的表现都有可能掉入被误解的陷阱

想要吸引周围的人，离不开礼节，对他人细致入微的关照、关怀备至的体贴。我想，这一点不用说大家都知道，但知道和做到之间还是有距离的。况且，那些不是真心实意的礼节和关照，瞬间会被人识破。那个你竭尽全力想要表达敬意的人、想要关照好的人，反而会被你这些繁文缛节搞得疲惫不堪，心中暗自抱怨："你根本没必要这么做，你累我也累……"这大概就是可悲的"相反效果"。

这么说来，表达敬意也好，细致关照也好，那些自然而然流露出来的、有辨识度的、平淡的最好。"看，这就是我们的礼节！""看，这就是我们的关怀！"像这样，竭尽全力的表现方式瞬间就会被对方看破，还很有可能产生意料之外的结果。即使是自然而然的表现，被准确理解都很难。举个例子，在特殊法令被炒得沸沸扬扬的时期，太田冲绳县知事和桥本龙太郎首相举行过一次会晤。当时，两个人握手的照片在各大报纸上刊登，其中一张照片可以说是首相的噩梦。

在这张照片上，握着太田知事手的首相，将目光不经意间投向了钟表。冲绳县长期有美国的军事基地驻扎，并由此引发过各种事端，多年来，一直困扰着当地民众。行政的最高首领首相，面对带着民意特来请愿的太田知事，一边看表一边握手，貌似流露出一副不耐烦的样子。不管怎么说，这张照片上的场景，对首相十分不利。

对首相来说，或许他并没有什么特殊的意思，只是目光不经意间瞥了钟表一眼。但就这千分之一秒，被照相机定格了下来，不管首相在想什么，看到这张照片的人，都会有很多想法。或许不少人觉得，首相的样子看起来就像在说："作为一个国家的首相，忙碌得要命。终于，预留给太田知事的时间结束了……"怎么看首相都是一副傲慢的样子。而对于冲绳人民来说，这张照片预示了这是一场毫无实质性进展的会晤。在会谈过程中，无论首相多么认真倾听了太田知事的建议，这张瞬间被拍下来的照片，让一切都付诸东流了。因为这张照片上的首相，看起来既无礼貌又无耐心，难怪人们会这样想。

第 3 章

能获得丰富人脉资源的诀窍

24 能变成财富的人脉资源到底是什么

人脉就是财富。因此，大家都热衷于孜孜不倦地拓宽自己的关系网，加强自己的人际关系。但也有不少人对此有误解。

想想在我们日常生活中，是不是常见到这种人。一见到名人或是明星，他就忍不住一顿狂轰乱炸，各种拍照留念。然后他会小心翼翼地把照片放进包里，随身携带，一旦有机会，就会拿出来和人炫耀："实际上呀，我和他很熟哟！""我和他交往很久了呢！"仿佛这些明星名人，都是他的老相识，是他人脉关系中的重要一环。当然，追着偶像合影留念没什么错，换个角度想，也是件令人高兴的事，有些追星族甚至还让人觉得有些可爱，但刚才所说的那种炫耀，则有种"狐假虎威"的感觉了。

妄想利用那些位置高的人，来提升自己的地位，这样的做法，到头来只能是竹篮打水一场空。当然，这样的人脉关系更不可能给你带来任何财富。徒有其表的交往，到头来得到的，只能是一张空头支票。

人脉关系只有在达到这样的境界后，才能成为你个人的、光彩夺目的财富。在这份关系中，你能得到对方的信赖，可以轻松愉悦地与对方交谈，必要的话，一个电话打过去，就能得到对方真挚的建议。而想要达到这样的境界，需要长年累月的积累，一步步走下去，双方才会不断加深对彼此的信赖和理解。

  我经常再三叮嘱现在的年轻人，从30岁开始，不，从20岁开始，就要着手构筑这样的人际关系。换言之，就是那种可以给对方带来好感的、带来感动的、真挚的交往。不然，到了五六十岁的年纪，再想着手构筑这样的人际关系，就十分困难了。

  我常常会向大家提到"第三者信用"这个词，什么是"第三者信用"呢？就是在你本人并不在场的情况下，别人对你的评价。如果大家一致认为："他是个诚意满满的人""他是个值得信任的人"，可以说像这样的、带着满满好感度的评价，才是人际交往中最厉害的武器。为什么这么说呢？你很有可能因为"第三者信用"的积极影响，在不知不觉中，人脉关系又向前迈进了一步。于是，就有了这样的场景，当你给素未谋面的人打去电话时："您好！我是某某，初次致电有件事想拜托您……"没想到对方回答道："啊！我经常听某某提到您，如果有能帮上忙的，十分愿意助您一臂之力。"这样的人脉财产，绝对不会随着时间的流逝而减少。

25 会见关键人物的流程

30多岁的时候，要为将来构筑更宽广的人际关系做准备。那么该准备些什么呢？简而言之，就是努力使对方对你有好感，让自己受欢迎。

就我个人的经历而言，每天都有很多人来找我咨询问题，其中以30岁左右的人居多，但是，不同的人给我的好感有着天壤之别。初次见面递交名片的场合，有些人会让你不自觉地感到："真是个不错的人呢！有什么能帮上忙的，一定会竭尽全力。"而有些人会让你抱怨："为啥我非要将自己的名片交给这种人！"

能作出如此判断源于一个人的感性。我并不是根据某一方面或是某件具体的事情作出的判断，而是根据这个人的动作、表情、语言等，作出的综合性判断。

当然，我最关注的还是一个人的表现是否有"教养"。在商业会谈中，在应该有相应介绍的委托事件中，或是在商量事情的场合……当然也要根据现场的实际情况来看，如果对方的表情或是动作，表现不出"非常感谢您抽出宝贵时间来与我见面"这样的感激之情，对我而言，就是"不懂礼节"。当然，我也巴不得这种人赶快走人。

而有些人，虽然我们从未谋面，但他在电话预约中滔滔不绝地讲："前几天我看同学录，突然发现，我还是前辈的学弟呢……"在我看来，这样的人同样是"不懂礼节"。即使是同一个学校毕业的，也不能随便把自己认作是别人的后辈。同样，被随便认作前辈也令人不快，有这样的后辈反而会平添很多麻烦。在同窗聚会的场合，如果有人以后辈的身份和我打招呼，我一般会选择闭口不言。

那么拜访某位关键人物的正确流程该是怎样的呢？首先写一份书面的自我介绍，然后确认一下对方是否想与自己见面，随后打电话和对方约定合适的见面时间。按照这套流程进行下来才是"懂礼节"的做法。而这套礼节，也是衡量一个人是否有感性的尺度之一。

26 事前的资料收集，是唤起对方好奇心的关键

怎样才能使对方张开他感性的天线呢？

一个十分有效的手段，就是让对方对你抱有好奇心。如果我们对某个人感到好奇，那说明我们已在内心深处为这个人预留了空间。不能引起对方丝毫兴趣的人，是不可能走进对方内心的。即使相互之间有商业上的往来，不能让对方感兴趣的人，也不可能进一步加深彼此间的交流，发展为志趣相投的伙伴的可能性也几乎为零。

然而，初次见面能引起对方好奇心的地方，可能会各有不同。你留给对方的印象可能是"真是个有趣的人呢"，可能是"真是个奇怪的人"，也可能是"真是个不可思议的人"。虽然印象各不相同，但只要你可以给对方留下一定印象，就有可能为今后人际关系的进一步发展打下基础。为此，我们要学习唤起对方好奇心的方法。

年轻的时候，我习惯于对初次见面的人做一个事前的、详细的了解。了解内容不仅包括这个人就职的公司和职位，还包

括这个人的兴趣爱好、家庭成员等，如果可以，还会调查这个人生活背景。总之，凡是能收集到的资料，我都会毫无遗漏地收集起来。众所周知，好的记者都会事先对采访对象做一个全面细致的了解，在商业领域，也需要同样的努力。在初次见面，事先了解了对方的兴趣后选择的礼物，才可以说是无可挑剔的礼物，给对方的感受也与随便挑的某个见面礼完全不同。

"啊！原来他知道我的兴趣爱好啊！"这样的感受，会成功唤起对方对你的好奇心。

你对对方的了解越充分，见面时就越不会胆怯。那是因为，无论对方谈论什么，你都可以根据事先了解的情况推测到对方的意图，回答问题时也往往可以一语中的。

如果没有事先了解一些情况，当对方提起："最近的政治局势不稳定呀！"你可能随口答道："咱这个首相就根本不是当首相的料。"如果对方是首相的铁杆粉丝，你的这一句话，就有可能陷入尴尬场面。因为事先收集的信息量不足，有时会给我们的交往带来致命伤。因此，千万不要忽略事先收集相关信息这一细节。

27 30岁的人应该具备哪些知识？

我想，对自己所从事的行业有用的知识，大家都会孜孜不倦地去学习。例如，从事与电脑相关工作的人，一般会积极关注哪个厂家又开发出了新型号，哪个软件系统又更新了，也会翻看专业书籍，不断储备相关知识。如果连这一点都做不到，那绝对不是一个合格的职业人。

在这里，我更想说的是，除了专业领域的技能，我们还需要用更广阔的眼界去看世界。视野越宽广，格局越大的人，就越有气度。而在现实生活中，非专业领域的东西，往往容易被人们忽略。这是因为多数人认为，学习与工作无关的知识，得不到任何好处。但如果你从事的是与人打交道的工作，那这些看似"无用"的知识或信息，反而能成为你今后工作生活中强有力的武器。

举个浅显的例子，与你有商业来往的人，如果突然提出了高尔夫的话题，你如果只回复个"我对高尔夫不感兴趣……"那一定会让谈话陷入尴尬的境地。首先，你打不打高尔夫另当别论，你至少应该掌握不至于中断大家话题的高尔夫知识。如果做不到这一点，我想你的生意也不会顺利谈下去。如果大家正兴致勃勃地谈论："老虎伍兹的球技真厉害呀！"你突然来一句："老虎？那是谁呀？"我想今后你们的关系，也会变得疏远起来。

我认为，30多岁的人，应该涉猎你能接触到的所有领域，磨炼自己各方面的感知能力，收集各方面的信息，努力积蓄知识。如果有可以引起你兴趣的话题，去参加这方面专家的讲座也好，相关的聚会也好，总之，用尽全力去磨炼自己的技能。为什么呢？如果你在五六十岁之前，从未关注过自己专业领域以外的事，突然需要关注某个领域时，你也很难像年轻时那样，可以遇到很多学习知识的好机会了。

那些一生只坚持做一件事的人，如果到了商业领域，只专注自己的小领域是完全行不通的。商业世界需要从业人员有良好的平衡感。我认为你在深挖专业领域付出了多大的精力，就要在非专业领域付出同样的努力，这才是30多岁的人应该有的平衡感。

28 三种类型的知己,能帮助你扩大自己的人脉关系

在东京筑地,有一家很有名的饭店,叫"吉兆"。吉兆现在的老板娘汤木照子女士,和我是同岁,又因为她的父亲经常来大仓住宿、理发,在交谈中,我们逐渐熟悉了起来。原本说来,我是没有什么机会可以在"吉兆"吃饭的,因为汤木女士父亲的缘故,我也有了去"吉兆"吃饭的机会。同属服务行业,我从吉兆的经营方法中学到了很多知识,我有不满的地方也会直接向他们提意见。

给最高规格的酒店提意见,可以说有些自以为是,而吉兆一直是虚心接受别人意见的态度。我想,这是因为吉兆一直在贯彻曾获得文化功劳奖的、倡导通过美食追求美的已故创始人汤木贞一先生的遗志。

越是出类拔萃的人,越不会把自己的意见一股脑儿地强塞给别人,对此我深有体会。可以说他们有宽广的胸怀,有极强的包容力,对你的发言,他们也会认真倾听,听着听着,你可能会突然领悟到他的意思:"啊!原来是这样啊!"最终你们达成共识。这就是他们所掌握的、可以引起对方共鸣的巧妙的话术。与这样的人对话，就好像是请横纲做自己的训练对手一样。在紧张的碰撞对决中，让人感受到一丝爽快。

我认为，在我们每个人的周围，最好有这三个层面的知己。一个是可以一起愉快玩耍的同龄人；一个是年长你5到10岁，可以直言不讳地严厉指出你缺点的长辈；最后一个，是你可以从他的生活方式中学到处世哲学的老师。想要真正拥有这三种类型的知己，首先要做的，就是放低姿态，谦虚处世。那些盛气凌人地叫嚣"你有多理解我!"的人，是不可能得到真正和谐的人际关系的。"拜托您了"，这样谦虚的姿态才有可能打开对方的心房。

人脉关系不是你一时起意去建立，就能够建立起来的。它是在你的日常生活中，在你与他人谦虚恭敬的交往中，不知不觉中构筑起来的。我们通常会说，有些人擅长处理人际关系，而有些人不擅长，决定你是否擅长的，并不是那些带有小聪明的技能，而是你给对方的一个眼神或是一个姿势。

29 初次见面时，用"固定用语"打开话题

在学习会或交流会上，我们有很多与其他行业的人交流的机会。我们走进社会后，往往只和自己所属领域的人打交道，这么一来，你的视野就很难再扩大了。所以，我十分赞成大家多参加这样的活动。

实际上，在周围都是陌生人的环境中，直爽地打招呼，是相当需要勇气的。我也经常参加各种宴会或是聚会，面对初次见面的人，我通常都是这样打招呼："一直以来承蒙您的厚爱，十分感谢。我是大仓酒店的桥本。"实际上，借用大仓酒店的名声，介绍自己的人有很多。每次遇到这样的场合，我都忍不住想："那就让我再借用一下大仓酒店的名气吧。"不管怎么说，打开话题时，使用"固定用语"会轻松很多。

而且，最近我被邀请去演讲的机会越来越多，也会有很多从未见过面的人来参加我的演讲会。如果对方这样打招呼："您上次的演讲，真是十分有趣呢！"为了不让自己"分不清到底是哪次演讲"，我会一边根据对方的描述，推测到底是哪

场演讲会，一边将话题延续下去。当然，也会有推测不出来的时候，遇到这种情况，一般这样回答就没错："十分感谢您的喜爱。都是些漫无边际的闲谈，没给您添麻烦吧？"因为我的演讲，或多或少都有闲聊的要素。

当然，即使没有什么固定用语，也不用畏首畏尾的。多准备一些名片，一边递名片一边打招呼："初次见面请多多关照，我是某某公司的某某。"这就足够了。因为来参加聚会的人，都是想结识新朋友的人。不用顾虑太多，以自己本来的姿态去和别人打招呼，也会有不错的结果。

最可惜的是，同一行业的人组团行动的情况。宴会结束后，你会发现，一个新朋友都没交到，难得的聚会却几乎变成了行业内部的专场聚餐。请记住，不与同行业的人组团，才是充分利用这个好机会的关键。

30 大学时代培养起来的人际交往能力

我曾担任过诸多交流会的发起人或是组织干事。也许有不少人认为，召集人的工作十分困难，我却不这样认为，从学生时代开始，我就喜欢组织人的工作。

我记得，第一次举办这样的活动还是在昭和二十七年。那时正处于战后复兴期，到处还是一片荒凉，我考入了东北学院大学的新闻专业。现在的大学报纸上，会刊登广告，但那时候，还没人有在大学报纸上刊登广告的想法。而且，当时的新闻学部的部员都一致认为，根本不可能有疯狂的广告主会选择在私立学校的报纸上打广告。

但我认为："就是因为没有人做过，反而可能会成功。"于是，我离开仙台独自一人跑到东京，依次拜访了岩波书店、三省堂、研究社、有斐阁、白水社等出版社，向他们争取刊登广告的机会。那些天，我将唯一支持我的教授亲笔写的介绍信揣进口袋里，不断往返于各大出版社之间，与他们接触后发现，还是有一些有突发奇想的经营者，愿意加入我们的。顺便提一句，就在同一时期，东京大学新闻专业的江副浩正，也在积极收集各种可以刊登在大学报纸上的广告，在此过程中他学到了很多东西，我们现在所熟知的就业活动，就是他率先创造的。

之后，我又将在东北6县的所有大学集中起来，建立了东北6县新闻联盟这个组织。这样一来，收集广告就更容易了，大学与大学之间，相互介绍广告主也更方便了。在那个普遍认为私立学校比公立学校略逊一筹的年代，我们东北大学新闻专业的学生们，却格外受到重视。那是因为我们就是创作出大学间交流网络的幕后人物，自然备受青睐。

在联盟的帮助下，东京6所大学之间也日渐紧密起来。我们甚至在仙台举办了6所大学都参加的音乐盛会。明大的曼陀林、庆应的四重唱演唱团、立教的轻音乐乐团，都被我们请到了仙台，举行了一场盛大的创业活动。用现在的话说，就是制作了演唱会的门票，大卖了一场。只要是演出人员，无论是专业人士还是业余人士，所取得的报酬都一样。我们东北6县新闻联盟因此大赚了一笔，平分了之前从未见过的"巨款"。那段时间，我们新闻部在学校内部也获得了大量的资金资助，一时间意气风发，干劲十足。

31 想方设法让第三者成为你的伙伴

大学时期刊登广告的事给我的启示就是,无论做什么事,要想成功,就必须有第三者的帮助。因为一个人考虑问题的方式也好,行动能力也好,都有一定的局限性,如果没有别人的介绍信,没有帮助你工作的伙伴,没有别人的好主意,很多事就很难取得成功。换言之,在你周围聚集了多少有力的支持者,是你能否取得胜利的关键。

如果,你每天只是浑浑噩噩地过日子,到了关键时刻,是不可能有向你伸出援手的第三者出现的。要想拥有这样强有力的第三者,在平时生活中,你需要努力让对方理解你、信任你。而要做到这点,最重要的是诚实待人。

举个例子,拜托别人的事,无论多小,都不要忘了向对方汇报一下事情的结果。事情成功了也好,失败了也罢,都不要忘了告诉对方。有些人求别人帮忙时卑躬屈膝,等事情进展顺利后,就把别人给过的帮助抛到脑后了,对帮助过他的人,什么汇报都没有。这样的做法极其失礼。别人尽力帮助你一次后,就绝不会再帮你第二次。一旦被别人判断为不值得帮助的人,你瞬间会丧失许多有力的第三者。

向帮助过自己的人汇报事情的进展,也包含了对尽力帮助过自己的人的感激之情。"进展十分顺利呢。""万分感谢,多亏了您的帮助……"向对方表达谢意的同时,也将"下次您有什么需要帮忙的尽管开口,您的恩情我一定回报"这样的想法,深深刻进了内心深处。对方如果真有什么事,你一定会马上飞奔而来,帮助他解决困难。对帮助过你的人来说,你也成为他一个强有力的第三者,如虎添翼,这是最理想的人际交往关系。

同样,我们也必须学会分辨那些向我们求助的人。有些人,不管对方是谁,只要对方低头向他求助,他就会毫无原则地给予帮助。世上还有很多人,他们会求别人做事,但一旦别人求他们做事的话,就露出一副嫌弃的表情,并不给予对方任何帮助。如果我们误帮了这种人,不仅费力不讨好,还会被别人认为我们没有看人的眼光。因此如果你认可了某人,就和这个人坦诚地相处看看吧。对人的判断力,只能在与诸多人交往的过程中,才能逐渐掌握起来……

32 寻找可以给予你建议的人的方法

人生不如意之事十之八九。漫漫人生路，有时我们不得不停下脚步，或是后退一段，然后再重新向前，不断循环往复。在此过程中，我们也会经常遇到自己处理不来的问题。

这种时候，有那么三四个前辈就好了，他们是耐心的倾听者、建议的提供者，他们理解我们，他们的建议可以帮助我们走出困境。如果有这样几位前辈，他们能站在我们的立场上思考问题，可以理解我们的心境，又可以和我们畅所欲言，有他们在，我们可以变得更加有底气。

通常情况下，我们喜欢和同龄人或是年龄相仿的同事聊天。人生经历相似的同龄人，他们思考问题的角度，看待问题的深度，也大致相同。虽然彼此间有很多共同语言，但是想得到能够解决困境的建议，或是让你茅塞顿开的见解，恐怕是很困难的。这种时候，还是人生经验丰富的前辈更值得依赖。

而且，比起那些在同一个公司的前辈，学生时代的前辈或是职场外某方面的知己前辈，更适合这个角色。因为同一个公司的前辈，可能在某些方面与你是竞争对手的关系，他们很可能不会掏出心窝子与你交谈，至于他们是否会像帮助自家人一样帮助你，给你合适的建议，对此我深表怀疑。

当然，这样的前辈不是朝夕间就能得到的。突然前去拜访："前辈，我有件事想和您商量……"只会令对方满脸困惑，不知所措。如果认定了某位前辈，为了使他更好地了解自己，平时就要多通过谈话或是写信的方式进行交流。当然，商量过程中，对于对方的意见，你也要做到虚心接受、不排斥。

也有很多人向我咨询跳槽的问题，其中最让我头疼的就是这种情况：已经在朋友的帮助下得出了结论，还特意跑过来和我咨询。面对已经决定辞职的人，即使像我这样，比他们多活了 20 年或是 25 年的人，也给不出任何建议。"你既然已经决定了，就按照你决定的做吧。"我也只能给出这样的建议。那些有多个选项不知选择哪个好，或是想询问还有没有自己选项之外的答案的，才是真正寻求建议的人。

33 前辈的经验怎样才能利用起来？

无论是在商业领域，还是人际关系领域，或是生活方式方面，经验都是十分重要的。经验越丰富，潜在的能力就越有可能发挥出来，随着经验的积累，能力也能得到长足的进步，从这些方面来看，经验的作用是巨大的。

但是，经验这种东西，如果不是自己的，就会变得毫无意义。仔细观察前辈们走过的路，验证经验的有效性是没有问题的。例如，在商业领域，有许多技能，向前辈学习是获得技能的重要途径。但是，如果只局限于复制前辈们的做法，会怎样呢？

有一个词叫重蹈覆辙，意思是重新辗过前车车轮的痕迹，而陷入其中不能自拔。前车车轮的痕迹，充其量只是标识方向的指针，你的前进方向可以以此为目标，以此为借鉴，但必须自己开拓新的道路。我也得到过许多前辈和上司的指导。他们的言行举止或生活方式，对我来说，就像是先前刻进道路中的车轮印子一样。当我不知道该如何进行下去的时候，也曾想过完全复制前辈们的做法。

但是,我仍然打算,要打造与前辈们的轨迹多少有些不同的、自己的轨迹,并沿着自己的轨迹不断走下去。这段经历我在好几本书里都提到过。读者也给我寄来了他们的想法,其中,"读到这,自己也想继续努力"这样的感想最令我开心。"我年轻的时候就是这样思考的,就是这样做的。大家也要加油哟!"我把这样的感想写进了我所有的书里。

有人不想把自己辛苦得到的经验、掌握的秘诀公之于众。把这些东西当作自己的私有财产,我认为格外小气。像日本省厅那样拒绝公开信息的小度量,与我的观点不符。如果有人向我求助,我经历过的事、知道的事,都会果断地、毫无保留地告诉他。对于一直得到众多前辈传授经验和知识的我来说,向年轻人、我的后辈们传授我的经验,就如同使命一般,我希望我所获得的经验,可以传承下去。

当然,我的这些经验,你可以借鉴,也可以当作反面教材,这是每个人的自由。

34 将自卑感变为积极的情绪

每个人自卑的程度有所不同，但没有人不存在自卑感。这是肉体上的体验也好，是精神上的体验也好，我们姑且不论，我们都是一边察觉着自己的弱点、短处，一边生存着。周围那些看起来格外豪放磊落、自信满满的人，一个人的时候，也会因为一些小事而敏感到睡不着觉。

既然人是不可能从自卑情绪中脱离出来的，那么，我们就该思考怎样与之相处。如果我们只盯着自己的弱点、短处，就会觉得"我不行""我什么也做不好"，如果这样的情绪伴随我们一生，结局将是槽糕的。

有点自卑情绪也无碍。只要我们怀揣着一颗敢于挑战的心，不断引导自己跨越短板即可。如果没有这样的气概，生活将会变得了无生趣。我们的生存之道就是各种要素之间的平衡相处。我们也需要学会调整自己身体内部的阴阳能力。我们不仅要关注自卑感作为阴面的消极因素，也要善于发现阳面的积极因素。这样一来，我们会注意到："它也不是一无是处。"

有自卑感，也不是只有消极的一面。举个例子，看起来没有积极性、内向的人，如果换一个角度来观察他们，也会发现他们是深思熟虑的类型。因此，如果这种类型的人可以不纠结于自己积极性不足的一面，想办法发挥自己深思熟虑的天赋，人生肯定会发生翻天覆地的变化。

另外，积极的思考方式有利于收集信息。收集与工作有关的信息也一样，如果你认定了自己就是个"没有积极性"的人，那些有用的信息也会消失殆尽。商业的原点就在于，无论是人还是物，都需要让他们积极地运作起来。换个角度来想，如果你把自己定义为"深思熟虑"的人，你就愿意再仔细查看一下信息的有效性，从而发现有用的信息。例如，把一份信息从计划变为行动，需要"深思熟虑"地探讨。那么，让我们重新认识一下自己的短板吧，看看我们可以从中获得哪些积极因素。

第 4 章

毫无感性的领导不受欢迎

35 处事态度决定了你的人格魅力

能给人好感的人通常有这几个条件。举止和蔼可亲、性格乐观开朗是条件之一。那些总是一副愁眉苦脸、无精打采样子的人，肯定距离给人好感还有十万八千里。

然而，只有笑脸和开朗是不够的。说服力和信赖感也是赢得好感必不可少的条件。能活跃现场氛围的能力很重要，如果能更进一步，让人感受到你的人格魅力，那就更有深度了。如果让人觉得你仅擅长暖场，那可能只被人认为是个"爱凑热闹的人""爱打趣的人"。尤其是一个团队的领导者，如果没有人格魅力，就很难胜任领导工作。如果只依仗权威，只会用说教的口吻给人下达命令，早晚会丧失人心。山本五十六就曾经这样说过。

"如果你不给对方做示范，不倾听对方的意见，不让对方尝试，不表扬对方，对方就根本不会采取任何行动。"

由此可见，让一个人采取行动是件多么困难的事。特别是在标榜自由的今天，年轻人才不会因为你叫嚣"我是课长"

"我是部长"，而采取任何行动呢。当然，也有些人会屈从于权威，但他们都是精打细算过的。如果一个人的行为处事如司马昭之心路人皆知，那无论如何，别人也不能对他产生信赖感，甚至他会成为扰乱团队合作的元凶。

说服力和信赖感，与一个人的处事方式密不可分。如果某人一直以来对待工作都是敷衍了事，误被选作领导，无论他怎样标榜"你们可以信赖我"，大家也不会相信他。最终只会换来大家这样一句话"你也不想想自己一直以来都是怎样工作的"。复杂的工作也不嫌麻烦，积极努力去做，不会将责任转嫁给他人，遇到困境也不会临阵脱逃……过去曾这样努力生活过的人，会让人自然而然地感觉到他值得信赖和有说服力。

也就是说，领导者的资质、人格魅力，不是一朝一夕就能造就的。某时某刻，你在自己的位置上究竟能做成什么，是人格魅力的关键。"这点毫无技术含量的工作，配不上我的能力"，像这样自吹自擂的人，在那一刻，距离充满魅力的领导者的道路就已经很远了。

36 领导者最重要的资质是表现力

与孤傲的艺术家不同，商业活动离不开团队合作。无论单个领导者的能力有多强，如果没有部下愿意跟随他，团队内部一盘散沙，不能发挥团队的作用，那么，他是不可能取得杰出成果的。

由此可见，统率团队的领导者的资质尤为重要。"你们一心一意跟着我干就好了"，我不否认像这样的一把手领导的能力，但总觉得与当今时代有些不符。在经济全球化的今天，个人能力无论多么优秀，都有他的局限性。

那么，什么样的领导才能真正建立起团队，并发挥好团队功能呢？举个简单的例子，当员工完成某项工作时，上司有以下几种应对方式。

"辛苦了，按时完成任务，十分感谢！"

我想，大家一般都会采取这个方式吧。遗憾的是，这样的方式并不能唤起下属的干劲儿。因为无法触动对方的感性。更不幸的是，在现实生活中，大部分公司里的上司和下属间的对话都是这样的。如果换我做领导,我的处理方式会有些不同。

"能力出众啊!多亏了你的出色表现,我们才得以顺利完成任务。团队中所有成员都要感谢你啊,这次……"

同样是表达谢意,前者和后者给对方心里造成的冲击力完全不同。而正是这样的不同之处,决定了一个团队是坚若磐石,还是不堪一击。对此我深有体会。

人都有一颗不甘平庸的心。一个团队如果不再只满足于应付现有的工作,而是做出了杰出的成果,那肯定是因为团队成员中的那颗不甘平庸、奋力拼搏的心跳动了起来。机器可以丝毫不差地完成工作,但绝不能超出原本设定的范围。只有人才能发挥超常能力,而一颗不甘平庸的心,就是这份超能力得以发挥的源泉。

那些拥有能够直击对方心灵的、富于感染力和表达能力的人,部下自然会跟随他们,这是时代要求的领导能力。

37 好的智囊团可以提升领导力

回想一下二三十岁的自己,是不是经常一边摸索一边工作。那是因为年轻的时候我们既缺乏经验,又没有可以拿得出手的工作实绩,总不能作出一个清晰明确的工作规划。与现在的流行词"虚拟"(Virtual)有所不同,通常我们都是在脑海中想象出最终的样子,"完成后大致是这样的,一起干吧",一边向协助者描述,一边取得他们的认可。在某些情况下,设想的事也能变为现实。二三十岁的时候,我既是某项工作的发起者,又是实际的执行者,自己的想法或是自己想干的事总能实现。

放到今天就不行了,如今工作的实际执行者是员工。"应该能达到这个效果吧",像这样模糊的建议已经行不通了。"毫无疑问,我们最终会达成这个结果,一起干起来吧",如果我的脑海中对工作没有这样完整的规划,就不能给员工们提出合理的建议。为此,事先我会收集各种资料,做好细致的情况分析和市场调研。幸运的是,由于多年的经验和工作实绩的积累,我通常不会作出错误的判断。

像这样,在工作过程中,那些强有力的伙伴就组成了我的智囊团。智囊团就像是领导者的镜子。有一个优秀智囊团的人,肯定是品行端正、值得信赖的人。换言之,那些品行不端、不讲诚信的人,是得不到支持他的智囊团的。

日本的政治家通常被认为是最缺乏优秀智囊团的一群人,换言之,永田町①的那群人应该是缺乏诚信和品行的。特别是宣传得如火如荼的财政改革政策,国民至今没有见过任何实际举措,这样的内阁,很难让人信服。当然,我们知道政治中各种力量错综复杂,但既然已经承诺了,就应该坚定不移地执行下去,而现任内阁却丝毫不能让人感受到这样强有力的领导力,只能让人看着干着急。

在日本驻外大使馆被占领,很多日本人被扣押的驻秘鲁人质事件中,我们的首相也好,外务大臣也好,他们那模棱两可的态度,着实让人印象深刻。

---

① 永田町是东京都千代田区的地名。日本政治的中心地,以国会议事堂为中心,设有总理大臣官邸(首相官邸)、众议院议长公邸、参议院议长公邸、各政党的总部等,也是日本国会和议会场所的代名词。

38 培育人的表扬方法、训斥方法

表扬是培育人的方式之一，不同的表扬方式对人们来说，既可能是毒药，也可能是良药。有些人可能因为受表扬而增长了才干，有些团队可能因表扬不当而发展受限，甚至会使某个人走向自我毁灭的地狱，这些现实情况都存在。因此，表扬人时，必须因人而异，注意表扬时机。

举个简单的例子，假设你的员工完成了某项任务。当然，如果你的公司有在全体员工面前表扬某个人的"传统"，那就另当别论了。如果没有，在众人面前单独表扬某个人，可能引起员工之间的不和谐。任何工作，即使是某人出色地完成了，背后也离不开众人的支持。"切，这可不是那家伙一个人的功劳"，如果员工因此产生不满，这个团队就危在旦夕了。

话虽这样说，在一种情况下，我还是会在众人面前表扬某个人的努力。那就是被表扬者不在场的情况下。"某某虽然过去经常出错，但最近真是士别三日当刮目相看，工作上格外得心应手"，也许有些人认为，本人又不在场，这样的表扬有什么意义呢？其实完全不必担心。这种"信息"的传播力快得惊人。可以说转瞬间就能传到当事人的耳朵里。比起单独把某人叫来表扬一通，这种方式，更能让对方感激万分，受到激励。

相反，如果想训斥某人，切记要单独训斥，这是一条亘古不变的铁则。如果被当众训斥，对被训斥者来说，与其说反省，倒不如说先是感受到无尽的屈辱和对训斥者的憎恨。无论是在何种情况下，都应该尽力避免让人当众出丑。如果是在本人不在场的情况下，想要指出某个问题，可以这样说："今天，有这样一件事。如果大家能再仔细一点，这样的错误是完全能避免的，希望大家今后格外注意……"像这样，只提问题，不针对人。当然，在场的人一听就知道是谁，但因为我们并不指名道姓，犯错的人就有了改正的机会。

表扬也好，训斥也好，问题发生后越早处理越好。如果大家都觉得"都到现在了，又提那件事干吗"，表扬或是训斥的效果肯定会倍减。

39 领导力的核心是公平

某个聚会上，有过这样一个故事。当被问到"你以什么标准选择继任者"时，某知名都市银行的董事长这样回答道："嗯，这个问题嘛，当然还是与我意气相投的、讨人喜欢的人，最好了。"

当然，聚会上的发言仅代表私人意见，发言的背后到底包含了多少发言者真实的想法，姑且不谈，但作为一家公司的领导者，这样的发言真的合适吗？

如果堪称日本金融界支柱的巨头公司的董事长，只根据个人好恶或人情挑选继任者，这本身就存在问题。这让我不由得想起了已故本田宗一郎先生的商业观，他拒绝自己的亲戚进入公司，对自己的胞弟更是"挥泪斩马谡"，作出了辞退的决定。而这种任人唯亲的，与本田宗一郎的商业观完全对立的继任者观，说实话，令我感到失望。实际上，那家金融银行，后面遇到了各种各样的问题……

领导者在选拔人才上如果不能做到公平公正，员工是不会追随他的。大仓酒店的社长野田岩次郎先生,在这方面就做得十分公正。

野田先生常挂在嘴边的一句话:一个人如果正面50分,负面50分,两方相抵只有0分。换言之,如果一个人正负方面一致,那他就如同一张白纸。假设一个人正面51分,负面49分,51减去49还能得到2分。这2分利用好,不断努力,早晚可以变成4分、16分,像玩倍增游戏一样,不断提高自己的加分项(能力)。我们看待一个人的时候,要用这样的观点去观察对方,这就是野田先生的商业经。我由此深受启发。

当然,一开始就是80分的人很少。所以,对于领导者来说,培养人有点像赌博,赌这个人可以由51分成长为80分,甚至100分。野田先生认为,领导者就应该有这样的胸襟和气魄。而要做到这一点,就必须有公平公正、有教无类的教育视角。

实际上,年轻时的我们在处理女性问题或其他问题时,也作过许多错误的判断。但野田先生从未因此批评过我们,也不会因此对我们的工作进行负面评价。

至少,像我这样不拘泥于常规的人,能有今天的成就,多亏了野田先生一直以来用平等的态度对待我、鼓励我。

40 与属下交流的关键

想和下属搞好关系,想和他们在工作中如同伙伴一样亲密……

我想,很多人身边都有抱有这样想法的人。对于身处领导岗位的人来说,如何调动员工的积极性,使员工的潜能最大程度地发挥出来,是他们孜孜不倦研究的重要课题之一。

当然,靠空想是绝对不可能实现的。想要与员工有良好的交流关系,就必须你主动去做点什么。所有企业都在强调员工之间交流的重要性,倡导员工之间"见面一定要打招呼"的公司也不在少数。问题是这些倡议有多少是真正实现了呢?每个机构里面,总会有那么一两个捣蛋鬼。

"喊,在走廊里见到了必须打招呼?开什么玩笑!我才不会这样做",回想一下,我们身边是不是总有这样一类离经叛道的人。相信不少读者的脑海中已经浮现出身边的此类人。怎样和他们和睦相处,或是站在上司的角度,怎样让他们融入组织,又不至于惹乱子,绝不是一件易事。

那该怎么办呢？方法只有一个，就是主动打招呼。如果偶然遇到了他们："早上好，最近还好吗？""最近在负责哪一块？"或是"工作上有什么问题吗？"等等，总之，先这样打招呼。即使对方一脸冷漠也没有关系。"嗯，嗯，还行吧……"像这样敷衍了事的回答也没关系，完全不必放在心上。你要做的只有不断问候，不断重复，总有一天对方会有一个翻天覆地的变化。

被问候，证明别人关心你，想要了解你。面对别人的关心和兴致，人都是容易动容的。无论他之前多么顽固，多爱冷嘲热讽，再坚固的武装也会渐渐瓦解，如同千里之堤溃于蚁穴。相信不久之后，你会发现，冰冷的面孔变成了生机勃勃的笑容，爱答不理的回复也变成了爽快果断的应答。43年来，我一直从事与各种各样人打交道的工作，可以向大家保证这一点。

当然，人际关系中也存在"油水分离"的现象。两者间总是敌对关系。如果想让他们和谐相处，不仅要搭上诸多精力，结果还往往费力不讨好。人际交往切忌勉为其难。油与水，还是相隔一段距离为好。

41 为什么德国人可以休一个多月的暑假？

任何组织都离不开团队合作。然而，在日本的机构中，团队合作往往难以实现。在日本随处可见的是，个人承包各自的工作，离了这个人，其他人无从下手。当然，每个人必须对自己的工作负责，但如果不与他人分享工作信息的话，一旦遇到什么特殊情况，工作就难以继续。

举个例子，假设某项工作的负责人突然生病了，如果与工作有关的内容其他人都不知道，接替者就无法应对。进入 21 世纪以来，劳动时间日渐缩短。一年中可以休假 140 天，剩余的 220 多天，你才有机会坐在办公室里与大家交流。如果没有及时准确的信息交流，毫无疑问工作会停滞不前。负责人不在，接替者不能准确应对工作事务的话，那么这个团队的体系还不够完备，同时会降低整个组织的好感度。

从这点来看，德国人的团队体系十分完备。因为休假员工的工作，周围的人都可以顺畅地接手。我总觉得，这是由德国人热爱游玩的气质决定的。一提起德国人，大家可能都有工作严谨、勤勉的印象，但据我所知，全世界内最爱游玩的民族，就是德国人。每年夏天，德国人都会有一个月的暑假，德国国内就不用说了，他们还会去国外观光。德国著名的高速公路网①，每到这个时期，就会爆满，随处可见驶向郊外的露营车。正是这种爱玩的国民天性，促使公司中各个机构完善各自的职能。也就是说，如果某人离开职场一个月以上，周围的人必须能够顺利接手他的工作。工作，可不能因为某人的离开而停滞。当然，工作的内容必须事先与特定的人进行详细的沟通，信息交换也必须精准无误。

"很不凑巧，负责这项工作的领导正在休假，一个月后再与您联系，您看可以吗？"如果这样回复，不用想，这单生意肯定泡汤了。同事不在时，积极主动承担起他的工作，同样，自己休假时也可以不用担心工作上的事，因为其他同事完全可以承担起来。如果再有点儿热爱游玩的心，或许我们的团队体系可以获得飞跃式发展。

---

① （横跨德国和奥利地的）高速公路网。1932 年开通科隆至波恩的公路，总长达 1 万 km 以上。

42 向历史学习，从经验获益

温习旧知识，从而得到新的理解与体会，这就是温故而知新。我们在提高自身修养的道路上离不开温故知新的态度。铁血宰相俾斯麦曾经说道："每个笨蛋都会从自己的错误中吸取教训，聪明的人则从别人的经验中获益。"事实上，如果只从自己的经验中汲取教训，很难有所提高。即使我们活到80岁，一个人的经验还是有限的。如果一个人只以自己过去的行为处事为模板，去思考问题、做出行动，毫无疑问，他的视野会变得越来越窄。

那些有名的企业家、有名的指导专家，都擅长从古籍中汲取知识。这里所说的古籍，就是指历史。话虽这么说，也不是要求大家都去翻阅研究类的书籍，学习历史知识，但应该知道历史上一些人物的生存之道、行为模式，或是思考方法。很有可能在某个偶然的契机，某个故事就会触动我们，使我们深受启发。当然，公司也是有历史的。如今问题的解决关键，很有可能就隐藏在公司的某段历史中。

当然，想要做到这点，历史和经验之间的交流必须是畅通无阻的。在经验中学到的东西，要放在历史中去检验；在历史中学到的东西，要运用到生活中去。只有在这样的相互作用中，两者才都能为我们所用，成为我们的血肉之躯。

就我而言，我时常觉得，从历史书中学到的知识，往往能成为我在向其他人学习过程中的坚强后盾。因为所从事的职业，我得到了接触各行各业人士的机会，在与他们交谈的过程中，我学到了很多，而在此过程中，又离不开书本知识的作用。我经常感觉到，书本上那些抽象的知识在与人交谈的过程中变得生动具体起来，甚至感觉被注入了生命力。同样，我有时也会觉得自己的某些想法或行为，被写进了书里。"我做过的事居然在书里被这样描述出来了，一点也没错"，我常常有这样的感悟。这就鼓励我进一步去探索相关领域，求知欲也就这样诞生了。当然，不仅在历史领域，在心理学、哲学、医学，甚至在文学领域，经验和知识间也是以同样的形式进行交流的。

我很赞同俾斯麦的名言，但我觉得最重要的还是把握好两者之间的度。希望大家既不要过分看重经验至上主义，也不要过分看重历史至上主义，能将两者融合，各取所长的主义最好。

43 能被员工接纳的领导的特质

对于某个机构内部处于领导地位的人来说，能否与员工产生共鸣，能否被员工接纳十分重要。前几天，我与某家国外酒店的大堂经理聊天时，谈到了这样一件事。

与现任经理一起在酒店大厅散步时，大堂经理就不用说了，经理都会亲切地喊着员工的名字，与员工们打招呼。（在这里稍微解释一下，在日本，通常我们不会直呼上司的姓名，而是以相应的职位代替，在国外，则会直接问候："早上好，某某先生。"）然而，前任经理在任时，员工们没有人与他打招呼。

为什么员工们的反应截然不同呢？这位大堂经理认真思考了良久。得出的结论是，前任经理总是一副高高在上的样子，看不起员工，从来不会主动和员工打招呼。即使员工和他打招呼，他也叫不出员工的名字，这样的经理，员工们是不可能与他产生亲近感的。他也不是一名合格的经理。不要认为一个简单的问候没什么大不了的，寒暄是与对方心灵相通的表达方式。而那些连招呼都不打的上司，早晚会被员工们抛弃。

我通常会在早上七点半到八点之间，在忙碌的酒店里转转。看起来只是简单地打招呼"早上好，辛苦了"，每个人的不同反馈，就形成了宝贵的信息资源。"早上好"，根据员工回复的语调或是语态，我就可以判断职场的现状了。如果是职场中存在不和谐的人际关系，或是存在什么样的问题，给人的感觉就会完全不同。

英语中有"WALKING AROUND MANAGEMENT"这一说法。正如字面所描述的那样，指在自己职责领域内不断巡视的经理人。通常情况下，在这种场合与员工打个招呼，效果要比呆坐在桌子上苦思冥想的工作方法，有效得多。放弃那些无用的想法吧。要想与员工产生共鸣，去现场走一走，与员工打声招呼，是最佳选择。

第 5 章

与女性一起磨炼自己的共情力

44 你会和妻子打招呼吗？

没有共情能力的人，人际关系也会了无生趣。无论你多么激情澎湃地与对方交谈，如果你们之间不能产生共鸣，就如同独奏会的二部合唱一样，没有任何实际效果。当然，彼此间的情感交流、心灵相通了，都不可能在这种环境中实现。诚然，所谓共情力，无论是你感知对方的能力，还是对方从你这儿感知到某种情感的能力，都不是那么容易培养的。为此，我们需要进行大量的练习。

我认为练习共情力最理想的伙伴就是配偶。也就是说，对男性来说就是妻子，对女性来说就是丈夫，配偶是我们最亲近的，也是最理想的练习对象。原本我以为夫妻，是最有默契的一类人，事实却是，很多夫妻间缺少应有的默契。就我自己而言，也没有自信说和妻子之间有足够的默契。

每次回家，我都打算与妻子好好聊聊，而妻子对我的评价是："你在家什么都不说。"家中还有一个早已到了婚嫁年龄的女儿，却没有任何出嫁的迹象。我心中暗自揣度，最有可能的原因，是不是妻子想用女儿代替不愿说话的丈夫，所以故意将女儿留在身边。我不仅需要努力理解妻子的想法，还要努力理解女儿的想法。

夫妻间培育共情的出发点，应该来自每天清晨的问候。早上醒来一看到对方，自然而然地问候一声："早上好。"这一看起来极其平常的举动，试问，有多少夫妇可以真正做到？

很久之前，我见过一组数据，在一个家庭中，最不会打招呼的就是夫妻二人。甜蜜的新婚期就应该建立起来的习惯，随着夫妻两人年龄的增长，更容易被敷衍了事。如果各位不注意这一点，很有可能变成在家只说"吃饭""洗澡""睡觉"的三语老公。

一句简单的问候，一个简单的交流，说话者就可以通过语音语调将自己的状况或心情传递出来。假设丈夫可以察觉到这些："怎么了，听起来你今天的心情不好呢。发生什么事了？"然后进一步询问一下妻子，妻子肯定会将不愉快的原因如实告知。在日积月累的过程中，夫妻间的共情力会被逐渐培养起来。而由此磨炼的技能，可以运用在全部人际关系中。

45 从40岁开始交朋友

二三十岁的时候，我们应该逐渐掌握工作的要领，找准自己的位置，掌握专业技能。这个年龄段的年轻人间最强烈的意识，大概就是竞争意识了。特别是面对同期的同事，心中难免擦出竞争的小火苗。表面上看起来亲密无间，背地里虎视眈眈地盯着对方，渴望比对方早一步取得成功。对他们来说，心中根本没有友情这类浪漫的情感的位置，只标榜竞争的人，被称为冷冰冰的企业战士也不为过。这个年龄段的年轻人，多多少少有点这样的倾向。

但是，40岁之后的交友，则与此完全不同。就我个人的经历来讲，这个年龄段得到的知己，今后也会友谊长存。为了今后人生可以变得有滋有味和丰富多彩，现在的你有必要积极投身交友中，并逐步扩大自己的交友圈。

48岁时，我举办过一场"三一会"。"三一"是一九三一年出生的人的简称，我们召集同龄人聚在一起谈天说地，参会成员人才济济。前首相海部俊树也是其中之一。为何要举办这样的聚会呢？理由如下。

在日本，人们通常60岁退休，迎来人生的一个重要转折点。所谓转折点，是指人们60岁之前的生活，多以工作为中心，而之后的生活中，家人和友人占据了更重要的位置。如果到了60岁，才开始考虑如何交友，往往是事倍功半。因此，40岁就应该开始考虑拓展自己的人脉圈，带着全家去参加聚会，着手培育能让友情生长的土壤。

特别是家庭主妇，本身外出与人打交道的机会就少，想掌握与人交往的技能更是难上加难。"三一会"也为这样的家庭主妇提供了社交的机会。这个聚会已经举办了18年，现在还有不邀请丈夫、只单独邀请妻子的形式。邀请信息也会分丈夫专用和妻子专用两种模式发送。这大大提高了出席率。即使丈夫忙忘了，妻子也会在旁边提醒："亲爱的，三一会的通知来了吧，你会去参加吧。"然后夫妻二人共同赴约。

46 有时，妻子是把双刃剑

恶妻的存在可以助你走上哲学之路①，如苏格拉底所说的那样，妻子就像一把双刃剑，可以让丈夫不断进步，也可以使丈夫堕入深渊。

如果只是区区一介公司小职员的妻子，插嘴丈夫工作上的事，估计只会让丈夫觉得不厌其烦，没有什么实质性影响。但如果丈夫是公司的领导，妻子插足工作带来的影响就不这么简单了。在著名企业或是公司的人事变动中，妻子插手的情况更是屡见不鲜。这种情况下，往往会让公司无端生出诸多弊病，阻碍公司的发展。如果某领导的妻子掌握了公司的大权，而这位妇人又恰好是对公司经营一窍不通的门外汉，那么，公司里的人们就会争相讨好她。导致的结果是，原本该用在工作上的精力，全都用在了毫无意义的谄媚讨好上，公司也会失去原有的生机。

---

① 苏格拉底曾说："男人无论如何都应该结婚，如果你娶到一个好妻子，你会很幸福；如果你娶到一个糟糕的妻子，你会成为一个哲学家。"

曾担任过卫生福利部副部长的冈光次官的下台事件，我至今依然记忆犹新。能力超群的前事务次官受贿事件的背后，是冈光夫人的贪婪无度。身为人民公仆，公然受贿，当然没有任何可以辩解的余地，但如果他们的夫妻关系也如新闻中报道的那样，那真让人不得不为冈光次官感到悲伤。可以说，这是个因受贿失去光明仕途，妻离子散①的典型事例。

另一方面，妻子也可以督促丈夫成长。请恕我冒昧直言，平山郁夫画伯的夫人就是一名贤妻。艺术家，原本就容易沉浸在个人世界中，平山夫人作为一名伯乐，将丈夫从黑暗引向光明，并默默支持丈夫的事业。如今画伯所获得的名气，可以说是夫妻二人齐心协力的结果。

此外，职业棒球手落合博满的"孩儿他妈"，她可以说是落合的福星。当然有关落合妻子的评价，也是毁誉参半。她时常高声激励自己的丈夫，让丈夫3次获得冠军，又获得了大大小小无数奖牌，就这一点来说，她的手段是值得称赞的。抛开个人的好恶，应该给予落合妻子公正的评价。

这样看来，妻子果真是把双刃剑。

---

① 冈光信治，曾担任过日本卫生福利部副部长，因受贿罪被判入狱，事发后与妻子离婚，与五个孩子分开。

47 说出口的目标，一定要实现

每个组织都有其规则。在公司的话，应该叫训词、守则；如果是在家庭中，应该叫家训、家风。遵守规则是一个公司得以顺利运行必不可少的条件，但如果只有规则，公司也是难以得到发展的。想要公司焕发生命力，富有发展潜力，必须学会制定目标。

有这样一家企业，最开始就是一家夫妻作坊，家人间制定了名为"1520"的目标。意思是，夫妻2人，通过20年的努力工作，完成15亿日元的商业目标。实际上，这个企业20年间不仅达成了15亿日元的商业目标，还吸纳了60多名员工。紧接着，公司制定的下一个目标是"3025"，意思是，在今后的5年内，员工们抱成一团，努力完成30亿日元的业绩目标。

这些数字虽然外人看不懂，但是他们设立起的宏伟的目标。员工们坐在办公室里，时不时地望见墙上挂着的"3025"字样，当所有人都默念"3025"时，目标就一定能实现。

设立目标，当然非常重要。但如果目标仅停留在让大家看到的层面,是远远不够的。必须能让每个人说出口,让每个人都能用自己的语言表达出来,这才是设立目标的关键。设想一下,即使上厕所,员工们也会默念"3025、3025",那这个目标已经深深烙印进了员工的心里,所以能促使员工们鼓足干劲,实现目标。

以上的目标设定法适用于所有场合。"多和家人说说话"。尤其是在夫妻间、父子间交流日趋减少的今天,设定一个这样的目标也是非常不错的。接下来,为了实现这个目标,早上起床后,夫妻俩一见面,先打声招呼吧:"早上好,孩儿他妈。"而身为妻子,不要只应付一句"好"或是"嗯"。如果老公问候"早上好,孩儿他妈",你应该认真回应:"早上好,今天的工作也很多呢,要加油哟,孩子他爸。"在这样交流的基础上,餐桌上夫妻间的交流、父子间的交流,就自然而然地开始了。如果只是简单制定一个规则:"我们家在星期几的几点开始,增加家人交流时间吧",不用说,那只是纸上画饼。

48 细腻的感知能力使人们心灵相通

想要给对方留下深刻的印象,有很多方法。我认为最重要的是让对方感受到你的"用心"。很久以前,我经历过这样一件事。

我曾出演过 NHKFM 电视台的《星期天的茶餐厅》这档节目,节目要求我将演出内容录成磁带,寄给一位女士。至于为什么要寄,具体原因我忘记了,我与那位女士也是素未谋面。

几天后,我收到了那位女士的回信,我记得信中还附有 300 日元或 400 日元的日本美术邮票。她在信中写道:"已收到您的磁带,非常感谢。我猜想,您因为工作原因,会经常与国外的友人书信往来,故特意附上一些邮票,供您使用。"

因为这件小事,我对她产生了深刻的印象。如果仅是一封形式上的感谢信,也不会给我留下多少印象。但难能可贵的是,她站在我的立场上思考问题:"桥本先生因为工作原因,可能会经常与国外的友人书信往来,如果可以使用一些日本美术邮票,是不是更能令他在国外的友人开心呢?"我深深地感受到了她的"用心"。就在那一瞬间，她被深深印进了我的心中，成为我无法忘却的存在。如果对方只是寄来一封"这是您的酬金，请查收"的信件，我的反应也可能只是"啊，好的"，转眼就忘得一干二净了。

像刚才那位女士所做的那样，如果你可以让对方感受到你的"用心"，可以说，从那一刻开始，你们之间的交往就开始了。今后，如果有与这位女士见面的机会，我想我们之间的对话会进行得十分愉快，不会感觉到初次见面的陌生感。相反，即使是见过好多次的人，如果彼此间感受不到对方的"用心"，这样的亲近感自然也不会有。

诚然，让对方感受到你的"用心"，并不是一种固定的技巧，掌握起来是有难度的。当然，如果无论对谁，回礼都送日本美术邮票的话，也不一定会感动对方。

重要的是，在认真思考对方的立场、状况的基础上，找到最恰当的回礼，想着"送这个最合适"。为此，我们需要细腻的感知能力和看人的眼光，甚至是第六感。我们需要磨炼的地方，还有很多很多。

49 使心灵放松的解压法

欧美诸国曾多次揶揄日本白领是工作狂（workaholics，工作中毒者）。日本白领天天在工作上忙得不可开交，内心却渐渐走向枯竭。

从精神健康层面上来讲，人是需要放松的。我在写文章时，或是冥想时，都会听固定的 CD。曲子也几乎是《创造天地》这一首。因为一听到这首曲子，我会自然而然地放松下来，想写的文章也会浮现在脑海中，能顺利地进入冥想状态。

如果是工作上有烦心事，难以入睡的时候，可以听些有助睡眠的曲子。我的已故好友，城达也①做 DJ 时，FM 播放的 *Jet Stream*（《急流》），就是这个类型的节目。

节目的最后，在《独孤先生》的曲调中，每晚小城都会

---

① 城达也（1931 年 12 月 13 日 — 1995 年 2 月 25 日），配音演员、演员、解说员。上大学时就以演员身份出道，出演过《七名侦探》，后来凭借优美的嗓音转行从事声优行业。主持过 FM 广播节目 *Jet Stream*、做过电视节目 " Big events Golf Programs and Commercials " 等的旁白。因 *Jet Stream* 节目中独具特色的主持风格，而被人们熟知。

重复同样的台词。

真是"……寂静的夜里数他能说……",我虽然这么想,但听着听着,心灵得到了放松,在舒适惬意感中,睡意来袭。他去世后,我就不再听广播节目了,后来,我买了他的全套CD,时至今日,每当我难以入睡的时候,就会和睡前小酌一样,拿出来听一听。

在工作中或人际关系中积累的压力,可以通过旅行去释放,也可以通过参加喜欢的运动去释放。但是,释放压力也不是一件简单的事。"如果感到自己压力有点大"的时候,拥有适合自己的解压方法是最好不过的。就我而言,如刚才所说,喜欢通过听音乐来释放压力,当然不仅局限于音乐,也可以读书或是观赏影视作品。有些人也许在大声朗读自己喜欢的诗人的诗歌时,内心可以完全放松下来;有些人会在观看一场痛快淋漓的动作片时,打起精神来;或者,有些人在摆弄自己喜欢的盆栽时,会真正静下心来……

枯竭死板的内心是不健康的,处在这种状态下的人,不可能给周围的人带来好感。能给心灵带来舒适的处方药,是我们在这个压力社会的必备药。

50 桥本派转换心情的方法

职场白领的早上异常匆忙。一般情况下，他们都是匆匆吃完早餐，飞奔出家门，在满员的电车上颠簸许久，终于到达自己的办公室。多数情况下，他们都只是在摇晃的电车中虚度这段时间。

其实，从早上起床到办公室的这段时间，因为自己的惰性而浪费掉，是多么可惜呀！在这有限的时间里，可以为当天的工作做好临战准备。

举个例子，如果前一天喝了酒，强撑着嗡嗡作响的大脑，无精打采地去办公室，也不能做好工作。如果恰好有个商谈，对方一眼就能看出你的宿醉状态："什么呀，这个家伙对待工作就是这个态度呀"，很容易被对方认为是不可靠的人。因此，早上必须鼓足干劲，打起精神来。

就我而言，早上洗脸的时候，一定会端详一下镜子中的自己，我会瞬间给自己打起精气神来。"你看，你看，昨晚是不是喝多了？脸色很难看。带着这样一张脸去上班，工作肯定是做不好的。赶快打起精神来！"接着，自己对着镜子尝试做出各种眼神。高兴的眼神，紧张的眼神，感谢的眼神……这样的尝试有 10 秒钟就足够了，但就这短短的 10 秒，也足以让一个人打起精神来。

当然，刚才所说的方法不是治疗宿醉的唯一方法。早上，起床时在心中默念："好，今天继续大干一场吧"，人的状态也会完全不同。热火朝天的干劲不断从心底喷涌而出，一扫昨日的疲惫感。同样，在公司里因为犯错被上司训斥，心情低落、神情暗淡时，用这个方法，也可以尽快转换自己的心情。一边给自己打气："犯个错就一直消沉下去那可不行啊！在工作上再补救回来不就行了嘛。打起精神，拿出干劲来！"一边看看镜子中的自己，做出个充满干劲的表情。而这仅需要花费你几秒钟，再没有比这更有效的使用时间的方法了。

51 冒着犯忌的危险，我也想给他鼓气

下面谈个悲伤的话题，人都有一死。自己直面死亡时，不知道如何是好；身边的人直面死亡时，你也不知道如何去安慰他。大仓酒店的员工中，因为癌症痛苦去世的人，或者仍在与病魔斗争的人，就有好几位。癌症目前依然是不治之症，他们一旦得知了自己的病情，就等同于每日一边聆听着死神步步迫近的脚步声，一边战战兢兢地生活。面对他们，我们该怎样表达自己的关心呢？我时常觉得，无论说什么，都只是向对方表达了些单薄的同情，一些称不上安慰的安慰。所以，有些人会故意与他们保持一段距离，远远地注视他们，什么都不说。

但是，我会尽自己最大的努力，和他们交流。曾经有一个员工，利用互联网，和世界各地的癌症患者通过邮件沟通，给与癌症抗争的自己打气。因为工作原因，有时我会和他乘坐同一辆班车，谈到他的病情时，我会不顾忌讳，继续深入这个话题："这样啊，这不是很好吗？你收到什么样的信息了呢？"通常情况下，在病人面前谈论病情是禁忌。在癌症患者面前谈论

与癌症抗争的话题,看起来更是毫无"常识"。但在我看来,如果能得知他是如何与癌症抗争的,对他来说就是一种鼓励。自己与癌症的抗争经历,除了家人(有时候连家人都不知道),谁也不知道,在孤独的奋斗中迎来自己的死亡,是件多么可悲的事。如果身边有理解他的人,有支持他的人,我认为可以成为他心灵上的支柱:"你已经十分努力了。不要放弃,要继续加油哟!"虽然在医学领域,癌症还是不治之症,但在患者心里,这么做可以帮助他们重拾勇气。

他住院前的一天,在我的办公室里,和我畅谈了一个多小时。那时的他,全身已布满黄疸,小声告诉我说:"这恐怕是我最后一次住院了。"听到这儿,我紧紧握住他的手,告诉他:"一定要加油!"我听说5个月后,他住进了小金井的晚期病收容所,住院十日后,怀着对众多亲朋的感激之情,去了天国。

52 时代已经从沟通转向了合作

每个时代都有每个时代的代名词。在 21 世纪的今天，"Collaboration"（合作）是当今时代的代名词。翻译成日语是"协作""提携"的意思，无论是在国家对国家、社会对社会，还是个人对个人的关系中，时代已经迈过简单的沟通层面，走向了更深一步的合作层面。

相互交流信息，传递情报，被称为沟通，合作则需要更加紧密的关系。你的想法对方能够理解，对方的看法你也可以理解，心灵相通、相互助力的合作过程中，也离不开辩论，离不开双方努力找到某个妥协点。凡事都只主张自己的观点，只相信自己的信息，是不可能与他人达成合作意向的。

举个例子，如果认为社会中的某项制度存在弊病，就应该在有关会议上提出这个问题，并努力参与到解决问题的过程中去，直到得出合理的结论为止。而如果仅在下班后，约几个同窗好友，穿梭于各个小酒馆间："上层的那些人完全不理解。我们的制度，已经太过腐朽了！如果不改变这个制度，社会是不会有任何发展的……"像这样借着酒劲儿,自说自话的处理方式,是不可能得到他人任何形式的帮助的。掌握应该掌握的基本技能,利用好自己的五感,将掌握的知识变为智慧,制定改变制度的计划,向大家提出提案,努力争取大家的理解,引发大家的共鸣,让大家助力你完成愿望,这才是合作的应有之意。

家族和恋人之间,也需要相互协作的精神。在当今社会,"什么都不用说,跟着我干就行了",这样大男子主义的男士几乎不存在了。但不允许女性发表任何意见,要求女性只遵从命令,换句话说就是忽略女性意见的现象,在当今时代仍时有发生。如果没有相互间的理解和信任,任何关系都不可能有未来。

当然,与妻子不能推心置腹的话,家庭内部的齐心协力也是不可能实现的。现在,突然从妻子那得到一纸休书的丈夫也不在少数,这样的丈夫,会遭到妻子军团的一致厌恶。相互关心、相互理解、相互沟通,这才是团结家人的基础,才是整个家庭的未来蓝图。

›第 **6** 章

解决冲突时的
注意事项

53 被人背叛时的处方药

人际关系错综复杂。看起来彼此深信不疑的伙伴，可能会因为某事而相互憎恨，本来形同水火的两人，也可能在某种情形下变成肝胆相照的兄弟。本来就捉摸不透的两颗心，纠缠在各种错综复杂的关系中。所以在人际关系中，"一根筋"的处理方式是绝对行不通的。

其中，被深深信赖的人背叛是最令人难受的了。之前有多喜欢他，现在就有多憎恨他，甚至可以说是恨之入骨……控制住心中那份翻滚沸腾的憎恨之情是极其困难的。有些人甚至会产生报仇雪恨的想法。

在与人打交道的65年中，我也有被他人背叛，被置于无以言表的绝境，终日不能入睡的时候。越提醒自己不要去想，就忍不住去想，心中只剩下失望、懊悔、空虚等负面情绪。即使心灵的创伤可以随着时间的流逝而得到治愈，情感上的创伤也一直难以愈合。

但是，如果沉浸在这种状态中，只会徒增仇恨。必须在某处斩断愁丝，截断恨意。

"我已经决定了，不再恨他。我也有不对的地方。那个背叛我的人，只要不再见面，权当没有发生这回事吧……"像这样，坚决果断地作出自己的决定。如果你可以这样想，你对对方的感情一定能发生实质性的变化。对方的存在感会迅速稀薄起来。即使是你心怀怨念，对于你有着强烈存在感的人，也会在不知不觉中变成个"可怜人"，在你心中逐渐变得不值一提。

如果你一直憎恨某人，就意味着某个对你来说毫无价值的人一直占据着你的内心。没有比这样的人更"没有任何留恋价值"的了。让这样的人占据我们的情感，对有限的人生来说，是巨大的浪费。

"恨其罪不恨其人。"这句话想必大家都听说过，而对这句话有真实体会的人，更能理解它所蕴含的深刻道理。

54 你能接受他人的指责吗？

没有人是完美无缺的。每个人或多或少都有需要改正的地方，而改正错误的过程，就是一个人成长的过程。然而，连自己都没有注意到的问题，突然被别人指出来，我想大家多多少少会产生些抵触情绪，能做到由衷感谢并积极改正的人，并不多。人都会有在坚持自尊和坦然接受间摇摆不定的时候。

能不能坦然接受他人的意见，与这个人成长的环境也有很大关系。在超市里卖玩具的地方，经常看见这样的场景，有些小孩为了让父母给自己买玩具，会一直在地板上打滚哭闹，直到父母给自己买为止。父母的表现则更令人吃惊，他们完全不管教哭闹声响彻整个大厅的孩子，而是满不在乎地说："你这样哭我也不会给你买，想哭就在这儿尽情地哭吧。"作为父母，完全没有意识到这是公共场所。如果父母都没有基本的辨别能力，孩子们是不可能被培养成坦然接受他人意见、虚心改正自己错误的人的。

在酒店里，也有放任孩子在大厅或是走廊里四处乱跑的家长。不得不说，外国人似乎比我们更能区分私人空间和公共场所。如果是国外的小孩哭闹不止，父母首先会告诫孩子："这里不是能哭的地方，快别哭了。"如果孩子还是哭闹不止，家长会赶紧抱着孩子离开，到不会给任何顾客带来麻烦的地方去。与此形成鲜明对比的是，日本的父母在送年长的孩子上幼儿园后，常常喜欢三三两两地聚集在家庭餐厅，开始无休止的闲聊时光。当然，家长朋友们之间谈论育儿的话题无可厚非，本身没什么不妥，不妥的是有些家长还带着刚刚会走的孩子。孩子们得到了比自家还要宽广的游玩空间，自然会放飞自我。穿着鞋子站在椅子上，在地板上来回打滚儿，这样的场景比比皆是。令人震惊的是，有些家长对此视而不见，却在一旁大谈特谈他的育儿经。这样的育儿经有什么意义呢？真是一幅充满讽刺的画面。这些孩子成年后，恰逢日本步入老年化社会，他们不得不去照顾上了岁数的老人，而他们能胜任吗……

55 最有力的制裁方式是"无视"

每个人都有自己的个性，优点与缺点并存。如果能认识到自己的缺点，说不定还能转变为优点。转变看待问题的视角，也许你会发现缺点也自带魅力。

然而，也有这样一类人，他们的所作所为令人不屑，是一群典型的口是心非的人。他们满嘴都是漂亮话，却满不在乎地用卑劣的手段陷害疏忽大意的人。他们表面上看起来宽宏大量，背地里到处使用下三滥的手段。一看到这样的人，我就打心底里感到气愤。年轻气盛时，我也曾直接与这样的人发生过正面冲突。现在，我绝对不会再做那样的蠢事。因为我明白，对待这样的人，无视是最好的对抗。所有制裁中，"无视"最有力量。

我对此深有体会。我在神田骏河台的山上酒店工作时，当时的吉田俊男社长，即使我做了不符合酒店人身份的事，过了一个月也好，两个月也好，他也不会斥责我。对在酒店业务上出了很多错的我，也是一句抱怨话都没有，比如在我没有做过任何实地调查,只汇报给他一些传闻或是不实信息时,或是在该当机立断的场合犹豫不决时,他只会用沉默来回应我。说实话,这种回应方式着实令我难受,使我无时无刻不在想让他消气的良策。结果却发现,只有老老实实、认认真真地完成每一项工作,才是上策……

那段时间,给苦恼的新人带来宝贵建议的,是吉田社长的夫人。"社长是以这样的方式、这样的做法来教育你。希望你吸取教训,作出回应……"每次,社长夫人都这样安慰我。夫人的话,不仅激励我虚心反省自己的错误,还给了我心灵上的启迪。现在回想起来,社长与夫人以绝妙的配合方式,教育我成长。

我辞去山上酒店的工作,已经过了三十七八年,现在仍然每周都能接到夫人的来电。通常我们只是闲聊,光是知道他们身体健康,我就十分高兴了。倾尽一生,我也比不过这位老妇人睿智。

56 不被欺负的方法就是"以牙还牙"

欺凌问题从很久以前就被人们关注。然而，至今也没有找到可以彻底解决问题的方法。我认为其中一个重要原因就是，欺凌者丝毫没有对被欺凌者的同情之心，丝毫体会不到被欺凌者的痛苦，虽然欺凌者的所作所为令人愤怒，但这样下去，是不可能找到解决问题的途径的。

让我们来揣测一下欺凌者的想法，他们大概只是觉得好玩，呵斥弱小："拿出钱来！"对方就唯唯诺诺地顺从掏钱。他们的欺凌行为只要越过了一个门槛，就会不断升级。使用暴力也是同理。如果不管别人怎么殴打你，怎样辱骂你，你都没有任何反应，施暴者就会觉得他的施暴，如同碾死一群蝼蚁一样，充满乐趣。无论是谁，内心深处都带有某种程度的残暴性。而把这种心理表现出来的人，在他的字典里，一定没有"同情"和"痛苦"二字。

过去的社会也存在欺凌现象。但被欺负的一方毫无反抗，任人宰割的现象不常见。就我自身而言，我通常是被欺凌的一方，被别人欺负后，即使知道自己胜不了，也会想方设法复仇。我认为，这样做不仅能制止对方的欺凌，早晚有一天，也会让强势的一方觉得："一点也不好玩，算了，不玩了。"

当然，过去的欺凌程度和现在有着很大不同。但面对暴力，如果我们也能举起拳头去反抗，至少不会被对方逼到断送性命的地步。

另外，可以有效制止欺凌的方法，就是周围人的判断力和行动力。有些家长会说，我们没有注意到孩子被欺凌的事，难道到了被勒索百万日元钱财的地步，父母才会注意到孩子的异常吗？不论孩子在家中多么沉默寡言，父母如果有一丝观察力和判断力，至少可以发现欺凌现象的蛛丝马迹。当然，知道自己孩子受欺负后，应该果断地采取行动。去欺凌者的家中也好，找学校解决也好。这种情况下，率先采取行动的人，一定是胜方。

事情被公之于众后，学校也好，欺凌者的父母也好，绝不可能再视而不见了。换言之，就是告诉世人："决不允许无视欺凌的现象发生。"解决欺凌问题，我认为最大的责任方是父母。即使将孩子委托给他人管理，一旦发生什么特殊情况，能刨根问底揪住不放的，只有父母。

57 道德教育需要身体力行

日本人的道德水平究竟是什么程度，我们确实不得而知，但毫不在意地破坏公共场所环境的人，大有人在。经常可以看到一些人满不在乎地从车窗里乱扔烟头，即使看见公园或观光地遍地都是空瓶，也不主动拾起来。但是，哪怕只有一次也好，让他们亲眼看看清扫马路的人，或是捡拾空瓶的人，至少他们自己再也不会忍心乱扔东西了。

正是有了这样的想法，我向我的故乡宫城县仙台市的市长，提出了一个建议。众所周知，仙台市有伊达政宗建筑的青叶城。在通往青叶城的缓坡上，每天不仅有许多观光客，当地的市民也常常来这里散步游玩。所以我想在此设立一个"捡垃圾的时间"，一周一次也好，两周一次也行，在风靡一时的佐藤宗幸的《青叶城恋歌》的优美旋律中，号召走在缓坡上的人们，主动捡起地上的垃圾或是空瓶。事先在青叶城入口准备好塑料袋，我想，这个计划也不是不可能实现。

无论多么努力宣传，自下而上的道德教育还是很难实现。

道德教育只有通过付诸实践，广泛宣传，以人们熟知的方式进行才是最有效的。如果看见大家都在捡拾垃圾或空瓶子，你就不会再产生随地乱扔垃圾的想法了吧。有些人甚至会产生"我也跟着大家一起清理吧"这样的想法。如果某个地域中的人们都在积极主动地清理环境，早晚会影响到其他地区。即使不能像星火燎原那样，点燃整个日本，但坚持10年、15年之后，众人的努力也会凝聚成巨大的教育力量，乱扔垃圾的现象就有可能在日本消失。比起在教室里进行的道德教育，这种"教育"形式更切实可行。

同时，我也深知，如果我们的政府不明白行动比讲理更有说服力，这样的教育行动是不可能被坚持执行下去的……

58 日本人说"不"时的内心独白

欧美人普遍认为，日本是一个不会说"不"的民族。但我并不这样认为，这是因为我们日本人自带一种优柔寡断的民族特性。日本人不会面对他人的请求时，不问情由地说"不"，这是因为日本人通常怀揣恻隐之心。说得通俗一点，就是有颗善于理解包容他人的心。不让对方误会，做事怀有恻隐之心，是十分明智的选择。如果只是用"YES 或 NO"来回应，相互间的人情味会变得越来越淡薄。当然，人类的情感，绝不是非黑即白、非对即错，用一句话就可以说清楚的。

举个例子，如果某人正在向你推销某个产品，"不需要，不需要。我对此一点兴趣也没有。你真是太烦人了"，如果你这样不耐烦地回应，将给对方带来什么样的感受呢？对方也是有血有肉的人啊。即使对方嘴上不说，心里也会抱怨："你这个家伙，真没礼貌！"对销售员来说，你的行为很可能带给他这一天最糟糕的心情，他的销售业绩也不可能在这种坏心情中得到增长。面对满腔热情、认真工作的销售员，请不要忘记表达你的恻隐之心。

如果换作是我，我会这样回复："十分感谢，辛苦啦！辛苦您特意跑一趟，实在不好意思，我并不需要这个产品。再次感谢，您工作辛苦了……"这样一来，对方也不会纠缠着我不放了。用体恤对方辛苦的话语，轻松躲过一劫，对方也会对你的回应心服口服。

最难说"不"的场合，应该是有人向你借钱的时候。父子之间、亲友之间借钱都十分不易，更不用说毫无血缘关系的人之间了。一旦你处于这样的场合，拒绝别人就变得十分困难。如果毫不顾及对方的情面，干脆地拒绝"不借"，那背地里不知道会被对方怎样说呢。

这种情况下，从手头拿出1万日元或2万日元，交到对方手中："不好意思，我现在手头只有这点钱……"这种做法最好。当然，你最好把这笔钱当作"有去无回的钱"。收到你这份心意的对方，也不好意思再向你要求什么了。当然，面对那些经常伸手借钱的人，最好在平时就和他打好招呼："朋友之间不借钱，是我的人生信条"，像这样，先给对方打个预防针为妙。

59 面对难缠的女性时……

女性的告白，可以说是男性最难抗拒的东西。古语说"辜负女儿心，愧为男子汉"，世间再没有比女子的心意更珍贵的东西了，我想大多数真诚的男子都有这样的体会。男人的天性指引他们，面对女子的表白，要马上接受下来。男女刚刚开始交往，还是极其单纯的，而在此之后，男女之间的关系会迅速变得复杂起来，着实给人一种微妙的感觉。

在收到女性的好意时，先要明白自己的处境，如果是有妻儿的前提下，千万不要做今后会惹出无限麻烦的事，因为谁也不敢保证，眼前的女士会一直无条件地向你奉献爱意。大部分情况下，在女方独占欲的支配下，最终会演变成一场苦情戏。即使走错一步，也会跌入无可挽回的万丈深渊。面对女性的好意，如果只是无原则地接受，毫无诚意地交往，到头来，会危及自身安全。

如果发现不能再和眼前的女性进行更深入的交往，妄想逃之夭夭，是绝对行不通的。男女之间都存在这样的心理，对方越想追，自己就越想逃；对方越想逃，自己就越想追。所以，有必要作个了断，或是用自己的行动给对方下一道最后通牒。

那么，该怎样和对方解释清楚呢？首先，要明确告知对方，与她相处的这段时间非常愉快，并真挚感谢她陪自己度过了这段美好时光。紧接着，详细告知对方自己的现状，并诚恳地告知不能和她在一起的缘由。

"过去那段时光非常愉快。但是，因为各种原因（具体问题具体阐述），今后不能再和您共处了。再次感谢您陪我度过了这段美好时光……"

回应的关键是"感谢"和"诚意"。即使遭到对方劈头盖脸一顿臭骂，也不要有过激的行为。我们必须怀揣感谢和诚意，放低身份，并甘愿承担任何后果。如果做不到这一点，双方必定会陷入互揭丑事的泥沼。

第 7 章

一流的招待方式要向酒店人学习

60 指导手册中没有的一流的服务方式

大仓酒店有这样一句口号："给来的人带来舒适，给走的人带去幸福。"这是西德浪漫大街上一个名为罗滕堡的宿驿的墙壁上用拉丁语写的话。传说罗滕堡的领主，对来到自己领地投宿的人热情款待："请进，请在这儿尽情休息。"同时为即将踏上旅途的人们祈福，所以创造了这句话，真是写到了酒店人的心坎里。之后，承蒙东山魁夷先生将其翻译成日文，又有幸得到川端康成先生的墨宝，这幅字就被挂在了大仓酒店。身为一名酒店人，想要把工作做好，就必须时刻将这句话记在心里。

每天，大仓酒店都会迎来很多顾客。当然，不同顾客的目的不同。迄今为止，大仓酒店一共有846间客房，如果是满员的状态，那就会有846种不同的目的。有些人是因为出差而留宿，有些夫妻是想过过久违的二人世界，还有人是为了去附近的医院看望生病的亲人。给他们提供的服务，如果千篇一律，一定会大错特错。作为一名合格的酒店人，应该尽可能洞悉每名顾客的真正目的。

我们身边就发生过这样一件事。一对经常来酒店用餐的夫妇,不知从何时起,突然不再来了。两三个月后,丈夫一个人来了,当服务员把他带到他们夫妇二人经常用餐的餐桌上时,他从胸口的口袋里掏出一张照片,立在玻璃杯上开始用餐。"啊,他妻子很可能去世了。"我们的服务员作出了这样的判断,为了下次丈夫再来时用餐方便,特意为他准备了放照片的支架。这样一来,下次丈夫再来用餐时,我们就能提前在他的餐桌上准备好支架了。所谓一流的服务,不就是这样子的吗?

所有酒店都有关于待客礼仪和遣词用句方面的指导手册。只掌握手册上的待客之道,看起来像个合格的酒店人;但是,做不出真正一流的酒店服务。如果真心想成为一流的酒店人,唯一的方法就是密切关注店里的顾客,锻炼自己的观察力。将手册的内容铭记于心,尽可能满足客人的愿望,才是最好的方法。

61 一流的服务，能让人"喜极而泣"

酒店行业隶属于服务行业。酒店人最大的任务，就是通过细致周到的服务，让顾客得到满足。

然而，不仅在酒店行业，在所有标榜自己是服务行业的场所，都存在这样一个误区。无论是在餐馆还是在小吃店，经常可以看到服务员一边说着"失礼了"，一边将点好的咖啡放在餐桌上。这幅在我们的日常生活中随处可见的景象，如果换作是我，在这家餐馆或是小吃店用餐，毫无疑问，会选择第一时间逃离。为顾客提供服务，是天经地义的事，如果服务人员觉得自己对顾客做了"失礼"的事，是不是说明这个人有问题呢？在日本，无论在何种情况下，都可以说："失礼了。"怎么想我都觉得怪怪的。在我看来，"如果觉得失礼就不要做"，没必要给顾客添麻烦。

如果顾客点了杯咖啡，最恰当的说法应该是："这是您的咖啡。感谢您的光临。"用感激之情待客，是服务行业的根基。我在山上酒店当服务员时，仅凭顾客的表情，就能判断他是想点肉料理，还是鱼料理。只要你细心观察，就能发现他们的心情都写在了脸上："今天还是吃肉吧"，或是"今天还是尝尝鱼料理吧"。只有能读懂客户需求的酒店人，才能给顾客提供满意的服务。

　　离开服务员的岗位之后，我的这种"眼力见儿"也逐渐消失了。现在，我每天从早到晚，都会站在酒店大门口，观察来来往往的客人，练习判断他们来意的能力："这位顾客想去参加什么聚会呢？"或是"他是准备来用餐呢？还是来谈生意呢？"如果顾客刚迈进大门，服务人员就能马上迎上去问候："某某先生，您好，感谢您一如既往地选择我们酒店。今天您是要出席某某先生的招待会吧。请乘坐这部电梯，聚会在某楼的某某房间。"我想，顾客听到这儿，肯定会震惊不已。服务的真谛不就如此吗？想要获得这种水平的服务能力，需要坚持磨炼自己的感知能力，需要日积月累的练习。

62 学会察言观色，灵活处理尤为重要

大仓酒店也会经常迎来皇室成员或外国来宾。我们最近还举办了一场国宾的答谢晚宴。这种场合，通常天皇和皇后陛下会出席，皇太子夫妇也会出席，事前的议程也十分烦琐。外务省、宫内厅、警察厅、警视厅、所辖署、皇宫警察这六大主管部门的负责人会悉数到齐，行程表会精确到分，护卫的方式也会被反复推敲。对于我们酒店的负责人来说，已经迎接过不下数十次皇室成员了，大致流程还是清楚的，而警卫人员，往往是第一次在大仓酒店内进行安保工作。所以，我们不得不对相关事项进行逐一确认。当然，我们不会不耐烦地说："这个我们知道。"无论是花费2个小时也好，3个小时也好，我们都会配合对方的步调进行确认。如果遇到什么问题，通常会这样建议："关于这个问题，之前是这样处理的……"通常情况下，对方一听："之前是这样处理的啊，那我们这次也这样办吧……"就这样愉快地决定下来。

晚宴当天，大仓酒店的所有员工都紧绷着一根弦。特别是

第一次接待皇室成员的员工，更是一脸紧张。当晚，还发生过这样一件事。因为当晚是西式的站立晚宴，通常这种情况下，皇室成员很难有就餐时间。一般情况下，我们会在休息室为他们准备些简单的食物，而我看到负责这项服务的服务生一脸不知所措，呆呆地伫立在那儿。我便问："怎么了？""宫内厅的负责人告诫我们'不要和皇室成员说话'。"这样一来，服务人员就只能干等着，皇室成员自己主动入席。这样下去，很可能耽误下一项活动议程。"没关系，你这样去和天皇陛下打招呼，'可以的话，请您移步休息室。我们为陛下准备了简单的食物'，邀请他们就坐。"我给不知所措的服务生提了这样的建议。

　　这样一来，皇室成员就可以轻松愉悦地享受美食了。在招待现场，这样的随机应变十分重要。如果严格执行宫内厅的命令，就会打乱当天的日程。为他人服务时一言不发，是不可能提供让顾客满意的服务的。事先计划怎么说都是在办公桌上的决定，而一流的服务离不开读懂现场氛围，灵活应对处理。

63 接待皇室成员更要有专业精神

接待皇室成员时，我们的服务人员通常"不被允许与皇族说话"。自昭和天皇陛下在昭和三十八年第一次来我们酒店下榻以来，宫内厅的这项命令就没有改变过。但是，正如之前我们所讲的那样，没有沟通，是不可能提供令人满意的服务的。作为专业的服务人员，是严格遵守宫内厅的命令呢？还是提供专业服务呢？答案自然不言而喻。换作是我，我会亲自向昭和天皇汇报基本的情况。我一直以来都是这样做的，从未出现什么问题。

前几天，皇太子殿下下榻我们酒店。第二天，我拿着整理好的出行记录给东宫御所的负责人看，曾我侍从长官[①]、入江侍从也纷纷向我表达了谢意："此次出行十分顺利，万分感谢。"宫内厅的网站上，刊登了在现场提供服务的我们，也得到了皇室的认可。当然，接待皇室成员，一定要格外留意。就拿日常用语来

[①] 侍从，是指侍奉天皇的文官或官吏。曾我刚氏此时担任东宫侍从长一职。

说，如果不能选择适当的敬语形式，往往会失礼，专业的服务人员，必须有不断学习的自觉性。关于这一点，我经常会提醒员工们注意。

皇室也会随着时代的发展而改变。过去昭和天皇下榻时，提及料理的问题，回答天皇的问题时，员工们多多少少有些拘束，而回答皇太子殿下的提问时，我们则自然多了。关于料理的做法，简单地和皇太子殿下说明一番，"啊，这样的啊，看起来很美味。"殿下会和蔼地回复我们，如果有需要的话，殿下也会主动询问我们。某次晚宴结束后，正巧大仓酒店的负责人中，有一位是殿下的学习院①的同学，他也站在送行的队伍中。这位负责人的父亲前不久刚刚去世，殿下貌似知道这件事，特意走到送行队伍中，走到同窗跟前，表达了悼念之情。之后，在殿下乘车将要出发之际，我特意向殿下表达了谢意："感谢您对某某的鼓励。"殿下又一次向我表达了哀悼之情："听说他的父亲去世了，真是太遗憾了。"近年来，希望皇室变得更加开明的呼声日益高涨，而就我的感受而言，皇室正在变得平易近人。

---

① 日本宫内省直辖的皇族、华族子女接受教育的学校。明治十年（1877）在东京创立，战后改为私立学校。

64 酒店人的必备条件

如果他人帮助了自己，向对方表达谢意是理所应当的。然而，同样的情况并不适用于酒店人。从顾客踏进酒店大门的一瞬间，酒店人就开始对顾客心怀感激了。就连表示欢迎的"欢迎光临"，如果服务人员只是干巴巴地简单重复，也是行不通的。如果酒店人的内心没有"承蒙您大驾光临，万分感谢"的感激之情，表面看起来多么礼貌的问候形式，也只是敷衍了事。

首先，要心怀感激，这是酒店人的基本素养。

如果单看性格，乐观开朗的性格是成为酒店人的必备条件之一。服务需要调动表情、动作等身体的各个部分，某个表情阴暗、动作僵硬的服务员，是不可能提供令人满意的服务的。此外，酒店人还需要对自己的工作充满自信，一个不能注视着顾客的眼睛，真诚提供服务的酒店人是不合格的。一个人，如果对自己没有信心，他是不愿意去注视对方的。

如果服务员没有自信注视自己的顾客，妄想了解客户在想什么、客户需要什么，是根本不可能的。不能敏锐抓住客户需求的酒店人，是不合格的。

现在，新员工入职首先要进行一个月左右的培训，然后他们会被分配到各个工作岗位上去。越是大规模的酒店，员工们越需要到各个岗位上轮岗，同样，掌握整体工作所花费的时间就越多。当然这样的分工体制，本身无可厚非，但就我个人而言，我觉得对新员工来说，这样的制度并不友好。我的从业经历，就是从一家小酒店开始，刚入职时，打扫卫生也好，涂油漆也好，烧锅炉也好，酒店里所有工作我都干过。正是这些宝贵的经历，让我在短时间内就掌握了整个酒店的工作流程。

举个简单的例子，负责打扫会客室的员工，会在清理大致结束之后，脱下帆布鞋，光着脚在绒毯上走动，寻找绒毯上的异物。这是因为绒毯上的毛又密又长，仅凭肉眼很难发现。一流的酒店服务，就是因为在这些不易被人察觉到的地方，投入了大量细致入微的努力，才得以实现。现在恐怕很少有酒店会要求员工做到这种地步，在我看来，这并不利于新一代酒店人的成长。

65 会被裁员的人，不会被裁员的人

任何公司都会在新员工入职后，举行入职培训。入职培训的目的不仅在于让员工了解工作内容和企业精神，还在于可以帮助管理者衡量新员工的可塑性。

在大仓酒店，公司的前辈也会向员工讲解工作要求："大仓酒店的员工是这样做的。如果达不到这种程度是不行的"，达不到大仓酒店要求的员工是不会被同行认可的。在管理者心中，也将"他们归类到了淘汰区域"。

同样，只专心做好领导安排的工作，不愿挑战困难的员工，也是很难成长的。一个人的潜能，或是某方面的才能，可能在某个场合下，或是某个环境中，突然被激发出来，但如果一个人早已决定好了自己的工作范围，不肯迈出舒适圈一步，是不可能遇到能让自己得以成长的环境的。他会默认"我只要做好这项工作就行"。几年后，会突然察觉到自己已经被同期的同事远远甩在后面了："为啥那家伙能当课长，我还只是个普通的小职员？"无论怎么抱怨，都于事无补。抱怨声传到领导的耳朵里，领导会说："还不是因为你做不来吗？如果不

满意,尽可辞职。"最终,只能沦落到如此境遇。

不幸的是,如今很多人即使意识到自己已被同龄人远远甩在后面了,还是满不在乎。他们早已忘记了当年那颗激情澎湃、不甘落后的挑战之心,"可恶。我也能做到!"在仍然执行年资制度①的公司里,浑浑噩噩混日子的人也许还能勉强维持得下去。但是,随着引入年薪制度②的公司的增加,职场发生了翻天覆地的变化。那些在工作上毫无建树的人,再也不能悠然度日了。

"从今天开始,一周内不会再给你安排工作,不是辞退你。但请你把这一周的工资退还给我们吧",像这样的临时解雇制度,我预感将会在现代企业中流行起来。欧美国家,早就大范围实行临时解雇,作为企业的基本战略制度之一。像日本公司这样,一旦雇用了某人,就会一直照顾他到最后一刻,这样的企业体系,不用说,只会逼迫企业走向绝境。今后,日本企业也有可能会引入解雇制度,更有可能加速解雇员工的进程。

想要在残酷的商业战争中生存下去,就必须成长为企业所需要的人才。"大家好好相处,不着急,一起慢慢成长……"这样毫无危机感的工作态度还是尽早舍弃为妙。

---

① 日本的雇佣制度,把学历、年龄、连续工作年限等作为晋升和提薪的主要判断标准,重视长年工作者的资历和成绩。

② 将工作能力作为晋升和提薪的主要判断标准的制度。

66 "兴趣"创造行动

很久以前，我们就听说过"漠不关心""毫无兴趣"这类词。最近出现的"跟踪狂"一词则恰恰相反，他们往往是一群宅男宅女，因为对某事物产生了强烈的兴趣，甚至因为过分关注而走上犯罪的道路。

姑且不论他们的行为是对是错，每个人都不要让自己内心深处关注他人的土壤枯竭了。关心并无过错，问题是，自己的关心能否让对方感到舒适。从这方面来讲，让人陷入恐惧的，危害到被关注者人身安全的跟踪狂，毫无疑问，是失败的关心者。

酒店的大厅也好，洗手间也好，因为是公共场所，每天都会有很多顾客使用。当然，各种各样的顾客都有，有在禁烟区大摇大摆吸烟的人，也有满不在乎弄脏洗手间的人。这种人，因为没有公共意识，所以给他人带来不快。假设他们有一丝公共意识，洗手后也许就会用事先准备好的纸巾，将洗手池旁边溅落的水渍擦拭干净，或是去允许抽烟的场所抽烟。

我们酒店人，毋庸置疑，会关注酒店内的所有场所。专为女性提供化妆室，我想大仓酒店大概是头一家，正是由于大仓人想让来店下榻的女士，可以舒适地享受化妆时光的想法，促成了化妆室的建立。另外，化妆室里还配备了沙发和烟灰缸，可以让女士们在其中好好放松一下。设立之初，也曾有人用口红在化妆室门口悬挂的绘画上胡乱涂鸦，清理干净后，再也没有人做过同样的事。大仓人秉承的"希望您能在此度过一段美好时光"的理念，早晚会传递到每一名顾客的心里。

同样，兴趣是行动力的源头。相信大家都见过热恋中的人，无论之前文笔多差，也会孜孜不倦地给爱人写情书；讨厌打电话的人，也如同变成了电话狂魔一般，向爱人发起热恋连环call。这样想来，如果在社会的各个领域，大家都怀揣同样兴趣的话，是再好不过了。

67 不甘心当一颗"小齿轮"的方法

过去我们常说，白领就是公司中的一颗小小齿轮。其实，这种甘于成为一颗小齿轮的想法源自职场白领的劣根性。一边小心翼翼地察言观色，一边做着不置可否的工作，人生信条就是胳膊拧不过大腿，这样的人生，毫无价值。更不用说在裁员趋势日趋加剧的现代企业中，如果没有"我可以让公司发展得更好"的信念，根本感受不到工作的价值，一生只能作为一颗小小的齿轮，在某个角落里，毫无存在感地默默生存下去。

从年轻时开始，我就从未认为自己是颗齿轮。我一直坚信，我所做的事，都是为了大仓酒店好。我坚信大仓酒店的基本理念和工作方针，并为了得到员工的认可而不懈努力。正因如此，即使面对那些被辞退的人，我也希望他们能够理解大仓精神。开讲座或是写书，也是为了让更多的人了解大仓酒店的哲学精神。

有时，也会有顾客对我说："听了桥本的讲座，忍不住想来大仓酒店体验一下。"或是退房后，在房间发现客人的留言："十分感激你们所做的一切"，那一刻，我真是发自肺腑地高兴。"看来我做的事是完全正确的"，有时我会沉浸在这样的自我满足中。当然，在公司中，既有相互倾轧的竞争者，也有些爱搞破坏的人。我也为此头疼过。在已经倒闭公司里待过的老前辈也说："桥本保雄的招牌从来没有被人摘下来过，希望他能一直坚持下去"，为此，我一直坚守着大仓酒店的精神。

当然，迄今为止，我也没有摘掉自己招牌的想法。"想摘大仓酒店的招牌，请先磨炼好功夫再来踢馆吧，本人随时奉陪。"一直以来，我都怀着这样的想法。可能在旁人看来，这多少有些目中无人。我也知道，我这话多少有点自以为是。

但是，我仍然坚定地认为，只要我做的事符合大仓酒店的理念，有利于大仓酒店的发展，这种旁若无人的姿态对大仓酒店来说，也是必要的。在我的人生中，从未对此后悔。

68 应对抱怨最好的方式，就是建立有效的沟通体系

在每天都人来人往的酒店，意想不到的事、意外冲突时有发生。为了能够及时处理特殊情况，在职场、员工间建立有效的沟通体系是非常有必要的。如果顾客有什么需求，或是有什么投诉，相关部门（section）的负责人都会到场处理，顾客真正的意图是什么，怎样才能给出恰当的解决方案，是每个负责人都必须考虑的问题。

大家通常认为，公司的社长，不能只满足于知道某事的结果，而应该在第一时间冲到现场，坐镇指挥。其实，大部分情况下并不需要这么做。

我只是说在大部分情况下无须社长插手，当然也有例外。比如，在涉及需要多个部门共同解决的问题时，我会亲自给各部门下达指令。

但如果是某个部门的内部矛盾，通常我不会亲临现场。如果我去了，反而会扩大矛盾，越过相关部门的负责人，冲到现场指手画脚，只能被认为是好管闲事，反而不利于员工间的团

队合作。当事人能够自己解决的问题，在当事人的范围内解决就好。社长的多管闲事，只能被看作是"越权行为"。

当然，我也不会只关注某件事的结果，我会经常给他们提供建议："发生了这样一件事"，"然后呢，你打算如何处理"，"我想这样办"，"我觉得这样办不错"，等等。

当然，掌握了相关情况后，社长也有必须做的事。瞅准投诉顾客离开酒店之际，貌似不经意地出现在大门口，找个机会和顾客道歉："没能令您满意，真是十分抱歉。相关部门的负责人已经向我详细汇报了有关情况……"顾客听到这儿，多数会转怒为喜："这么件小事他们都已经汇报到桥本社长那里去了。大仓酒店的沟通体系真是畅通无阻。"员工们必须学会做到在不同的场合，灵活采取不同的应对方式。这点十分重要。

69 继承大仓酒店的"精神"

前几天，我们将在大仓酒店餐饮部工作过的员工聚集到一起。过去 30 年间，曾在大仓工作过的，随后又离开大仓去到各个工作岗位上的人，又一次聚集到一起，也就是大家常说的同窗会。

一见面，就能感觉到，无一例外，现在的他们，都是自己工作岗位上的佼佼者。无论是在同窗会，还是在同期会中，值得注意的是，来参加聚会的，都是当时在事业上处于上升期的人。那些在事业上遭遇失败、跌落谷底的，或是人生受挫毫无翻身机会的人……是绝不会来参加这类活动的。大概他们是不想认输，觉得有伤自尊，或是面子上过不去，总之，各种各样的复杂心理交错其中，阻止了他们的脚步。

在聚会上，曾经的大仓人说得最多的就是："很自豪曾在大仓酒店工作过，今后无论在哪儿，都不会给大仓酒店抹黑。"对他们来说，大仓酒店是他们的精神支柱，一提起大仓的名字，他们都会热血沸腾。我和他们之间，也有数不清的美好回忆。用他们的话来说："至今，我还记得那时，被你痛斥一顿的事。从那以后，我的人生打开了崭新的一页。"确实，当时的大仓"精神"，深深感染了所有人，并在今后的人生道路上，不断给予他们支持，使大家都深受鼓舞。

我从山上酒店辞职后，就来到了当时还未开业的大仓酒店，从那以后，就一直在这里工作。有时候，我也会感觉自己的思考方式和行为方式有些偏离大仓酒店的原有精神。"这样下去可不行！"意识到问题后，必须马上修正自己的想法。正因为一直在大仓工作，更应该时刻检视是否按照大仓员工的标准严格要求自己。当然，也不能躺在之前大仓人的功劳簿上，沾沾自喜，不求上进，只流于应付日常的事务性工作。

为了大仓酒店更好地发展，你能做些什么？自己的哪些行动有利于大仓酒店的成长？不同岗位上的大仓人，一边思索，一边积极投身于工作中。大仓酒店的这一"精神"，必须被后人传承下去。

70 日式旅馆和西式宾馆的服务差异

日本的居住环境，常常被戏称为"兔子窝"。当然，在居住面积上，日本确实无法与其他国家相比。但麻雀虽小五脏俱全，普通日本家庭的室内，通常也会安装空调或空气净化器。从这方面来看，大多数家庭的现代化程度，已远远超越了大仓酒店。新建宾馆更不用提了，像大仓酒店这样年代久远的宾馆，要想装空调，就需要把天花板全部掀开，出风口或管道，全都需要改装，工程量巨大。因此，改造工程迟迟不能提上日程。

想让顾客斥巨资住在比自己家"还差"的没有空调的酒店里，离不开细致周到的服务。在家庭中享受不到的细致入微的关怀，是唯一可以弥补我们劣势的武器。不幸的是，日本人往往更看重榻榻米文化。也就是说，日式旅馆中，女招待服侍客人品茶用餐、帮助客人叠铺被褥的服务，仿佛更能让人感受到"为顾客服务的热心"。躺在榻榻米上，享受着女招待无微不至的热情服务，"欢迎您来到我们这里。我们还为您准备了丰盛的晚餐，供您在沐浴后享用。"听到这儿，相信您会忍不住赞叹："哇！果然最令人难以消受的，还是这盛情款待呀！太舒服了。"

从这方面来看，西式酒店怎么都比不上日式旅馆。归根结底，仿照西式酒店建立起来的服务模式，怎么能比得过日本传统的款待模式呢？通常，在入住时，我们会告知顾客："有什么问题的话，欢迎随时与我们联系"，之后就全凭顾客的意愿了，这就是我们的基本服务模式。

在西洋服务文化的体系下，如何表达我们的热情，是我们一直以来孜孜不倦研究的课题。不过，在年轻的客户群体看来，细致入微的基本服务就足够了，至于什么时间吃饭，什么时间洗澡，应该由顾客自由支配……

不管怎么说，服务的核心就是感激。酒店人必须先有感激意识，"欢迎您光临我们酒店"，然后站在顾客的角度思考问题，接下来竭尽全力满足顾客的要求，这才是一名酒店人该有的职业素养。

第 8 章

表达感谢的方式

71 有声望的人，都会践行"感谢循环法则"

如果你心怀感激行事，对方也必定会报以感恩。这就是人际关系中的"感谢循环法则"。

被众多人信任、尊敬、爱戴的人，换言之就是有声望的人，不管他本人是否意识到了，他都是这种感谢法则的有效践行者。一个人不管他的能力和技术多么出众，如果没有感激之心，即使周围的人称赞他的能力或技术，也不会忠诚地拥护在他身边。而如果这个人的能力或技术逐渐衰退，平日里在他身旁谄媚的人群，就会一哄而散。

1995年退役的棒球选手原辰德，退役后曾来过大仓酒店。对他我并不是十分了解，只知道他长期服务于巨人队，是巨人队第四棒打者，给棒球粉丝们留下了许多激动人心的回忆，对此，我向他表达了敬意。"原先生，一直以来您辛苦了。因为您的出色表现，让我们观看到许多精彩的比赛，十分感谢！"原辰德选手是这样回复我的："托大家的福。我才要向喜欢我的粉丝们致谢。今后也请多多关照。"

不管是在体育界，还是在商业领域，站在行业巅峰的人，往往都想称王称霸。面对别人的赞许，也有不少人会认为："凭我的实力，就应该夺冠"，表现出一副骄傲自满、高高在上的样子。如果将对一个人能力和技术的赞许，当作对一个人人品的赞许，那就大错特错了。如果本人还没有自知之明，更会给自己带来麻烦。据我所知，名人中，也有不少这种类型的人。因此，原先生对粉丝的感激之情，犹如一股清流。至少，对初次见面的我来说，他的人格魅力更打动我的内心。

　　之后，他作为体育解说员，在NHK电视台工作过一段时间，后来又担任巨人队总教练，复出职业棒球界，带领队员给棒球迷们创造了一个又一个激动的瞬间。

　　打棒球不仅靠领导力或智商（IQ），更重要的是靠情商（EQ）。

72 "感谢您",能说出口的人,和不能说出口的人

"感谢您",这句看似异常简单的话,有些人就是难以说出口。

我就经常对自己的妻子说:"谢谢你。"听到这儿,也许很多人会说:"对自己妻子说谢谢,太害羞了,我可说不出口。"特别对于老一辈的男人来说,沉默寡言是保持自己威严的方式之一。向妻子表达感谢,即使撕裂了他们的嘴,他们也说不出口。我的父亲虽然也是老一辈的人,但他经常向我的母亲表达谢意。在他长时间不在家的时候,母亲曾独自一人照顾5个淘气的男孩,1个女孩,对此,父亲是发自内心地感激她。

我年幼时,家里随处可以听到感谢的话。我父亲是一名医生,患者们来看病,看完后,都不会忘了说一句:"感谢您!"很多时候,还不忘了再感谢一下我的母亲。这是因为,很多患者都是我家的常客,看完病后,他们通常会去母亲的房间,和母亲一边吃着泡菜,一边唠嗑。他们与母亲之间,有着深厚的友谊。

当时人们的生活还很贫困，日本家庭内部的封建思想占据着主导地位，生病的患者，往往会有很多无法向家人言说的烦恼。而母亲会耐心地倾听每一名患者的烦恼，时而扮演抱怨的倾听者的角色，时而扮演问题解决者的角色。

我常常想，比起父亲的医术，母亲的心灵治愈或许更能让他们感到轻松。在我看来，比起对父亲所说的"谢谢您"，对母亲所表达的谢意更饱含真情。

最近，"治愈"这个词十分流行，但我从未听说过"治愈论"的说法。我也认为，简单的方法论或是技术论是不能概括"治愈"的内涵的。在人与人之间自然真挚的情感交流中，逐渐培养出来的相互理解的能力，才是真正的治愈力。

患者和母亲相互告别时会说："感谢您。""欢迎你下次再来坐坐。"就在这普普通通的话语中，我感受到了什么才是真正的心灵相通。

73 该用什么样的语言表达谢意？

不知从何时起，连环画时代的说法开始出现。当然在历史长河中，不同的年代都会诞生自己独特的文化现象，连环画成为年轻人文化中的潮流，本来无可厚非，但如果连环画文化扰乱了正常的语言交流，就不得不让人产生危机感了。

我们既不想像当今的年轻人那样，常用拟声词说话，也不想像日本辣妹（gal）①那样，动不动就来句"非常糟糕（very bad）"。当然，也许有人觉得这样的表达方式，是亲密伙伴间的隐语，有利于提高同伴间的认可度，但如果想让交流顺利进行下去，还是不说为妙。

当然，社会是各种阶级、各种年龄段人群的共同体。使用所有年龄段都可以"听得懂"的语言，可以说是基本的社会常识。如果不论面对何种人群，收到礼物时都只有一句"好幸运"，一定会给对方造成困惑的。

---

① Gal，女孩，特指高中女生或年轻女性，她们通常喜欢将头发染成棕色，穿宽松的袜子和超短制服裙。

感谢应该是发自内心的表达。所以,"十分感谢"的表达方式能令人心情愉悦。没有人会因为别人说了句"十分感谢",就变得暴跳如雷。这是因为这种表达方式能让听者感受到心意。"太幸运了!"则根本无法表达此种感情。

然而,现实生活中,懂得感恩的人越来越少。我入住过一家地方酒店。早上等电梯的时候,两个年轻的女孩子站在我的身后。电梯门打开后,我对身后的女孩子说了声:"你们先请",让她们先进电梯。于是,两人毫不迟疑地进入电梯,若无其事地攀谈起来。对这个让她们先进电梯的客人,一位65岁的老爷爷,一句"谢谢您"都没说。

说实话,看到这样的行径,我忍不住想把她们踢出电梯。还好,由于年龄的增长,我学会了不感情用事,只是心里默念:"这是怎么了?这个国家!"

外国小孩不论多小,如果你对他说"请进",他一定会礼貌地回复你"谢谢"。我们国家的年轻人,不如外国小孩吗?感知对方心意的内心变得如此迟钝了吗?现在的日常用语使用现状,可以如说让人感到绝望。

74 意料之外的贺卡能使人印象深刻……明信片的写法

我经常写贺卡。但是，我从不愿写贺年卡、暑假问候卡等这样老一套的问候卡。当然，我也经常收到许多贺年卡或暑假问候卡，我的应对措施就是，收到贺卡的一年内，找个空歇的时间回复。因为贺年卡、暑假问候卡给人的印象很形式化，收到贺卡的一方的反应程度，充其量也只是："啊，寄来了呀！"只有那些意料之外的贺卡，才能给人留下深刻的印象。

通常情况下，只要有时间，我就会写上三四张，第二天再写上几张。之所以选择写贺卡，是因为要写的张数太多。如果是信件，如果不长篇大论，就容易让人觉得是敷衍了事。贺卡写几行就行了。从篇幅上来看，还是选择贺卡为妙。

关于贺卡的内容，也不用写"省略客套话的开头语"，先写几句脑海中浮现的有关节气问候的话，再直接进入正题即可。我十分不喜欢中规中矩的书信书写模式，但有一点，我是绝对不会用圆珠笔写信的。多年来，我只用喜爱的水手牌钢笔写信，也没有什么十分重要的理由，我只是觉得钢笔更方便写大字。听说最近也有人用文字处理机写贺卡或是信件，但我总觉得，这样的贺卡感受不到对方的温度，怎么也喜欢不起来。无论字写得怎样，只有亲手写的信，才能让人感受到质感。

字写得不好，在十分有名的作家中也大有人在。他们的贺卡，会在我的桌子上放置 10 天左右。这是因为，要全部看懂需要花费我很多时间。今天辨认一个字，明天辨认一个字……按照这个步调，全部读完需要 10 天左右。而习惯他们的字体之后，我可以在一天内全部解读完毕。

我自身，不能夸自己善书，但在工作中经常会写字。举个例子，如果是拜访皇居或是东宫御所，必须随身携带毛笔写的记账本。大仓酒店年轻的皇室负责人，本身就用不惯毛笔，在这样的皇室场合更容易紧张，写起字来哆哆嗦嗦，而我则下笔顺畅。虽然不能超常发挥，但也绝不会紧张。这大概就是年长的人的优势吧？

75 有没有事先确认对方的情况？……打电话的方法

打电话的方式各式各样。有些人打电话只是冷冰冰地传达必要事件，有些人一直絮絮叨叨地说着对方不想让他说的事，有些人则喜欢打长时间的商业电话。

如果是私人电话，大家按照自己喜欢的方式来即可，但工作电话不能这样随意打。打电话的方式，很有可能影响另一方对致电公司的看法。特别是给有一定地位的人打电话，不直接打给他本人，是基本的商务礼节。打电话前，首先打给他的秘书，询问一下他现在是否方便接电话，如果对方正在开会或是接待客户，那么一定要给对方留言。这是一般的商务常识。即使有希望对方紧急处理的事，如果对方正在开会或是接待客户，一定不要忘了嘱咐秘书一句："您能替我给社长传个话吗？"如果对方没有秘书，本人亲自接电话的场合，也要先问问对方是否方便："请问，您现在方便接电话吗？"

我从不煲电话粥。时刻提醒自己打电话注意简洁明了，紧抓要领。原本这是我父母教育的结果，不长时间打电话。我的父亲是一名医生，患者的求助电话随时都有可能打进来。只要我打电话的时间稍长，父亲就会果断挂断："这不是为你一个人准备的电话。"所以，我就养成了"话简洁、抓关键"的好习惯。

有时候，我们会打电话给给予我们帮助的人。通常情况下，首先给对方打个电话，随后再写一封感谢信，显得更有礼貌。感谢信如果只流于形式，也是很难向对方传达自己的感激之情的。不要只依赖于某某手册，将自己的感情直接在信件中表达为好。有时，也有可能在不经意间，就错过了表达谢意的时机，好不容易表达个谢意，如果让对方觉得"都过去这么久了，还提这事干嘛"，那肯定是事倍功半。如果对方帮助了你，记得要及时表达感谢。我通常会把需要感谢的人写在便条上，贴在桌子上。放在桌子上，不经意瞥一眼，就会想起这件事，避免错过时机。为了表达谢意，我也会为对方准备大仓酒店特有的赠品。

76 能够拨动对方心弦的感谢信

举行个人演讲或是参加电台节目，常有不期而遇的情况发生。我曾经参加过 NHK 电台的节目，由此收到了一封收听广播的老妇人的来信。

她是一位独居在镰仓的老人，来信中，她表示广播的内容充实了她的内心。从那以后，我们不时会有书信往来。有一次，我竟收到了她寄来的刀柄护手。在信中她写道，这是她从先人那继承的护手，通过交流，她认定我是她的人生知己，为表达自己的喜悦之情，特意将护手赠送给我。原本我想拒绝接受，但转念一想，这样一来，就白白浪费了她的一片心意，于是就收了下来。作为回礼，我给她寄去了大仓酒店特制的罐头。

几天后，她寄来的感谢信，字里行间都能让人感受到她那令人尊敬的人格，并深深印刻进了我的心里。信中她描述道，品尝世界一流的大仓酒店的味道时，她恭敬且满怀喜悦地打开了罐头。她对待礼物的方式，让我觉得超越了界限，弥漫着浪漫的气息，犹如一股清流涌入心间。简简单单的一封感谢信，如此深深印刻进了接收方的内心，让人对写信人充满好感。

即使是素未谋面的陌生人，彼此间也能感觉到心意相通。当然，老妇人一个人过着怎样的生活，我并不清楚，但我能感受到，她是一位能够拨动对方心弦的、充满感性且内心丰富的人。如果没有这样的感性，即使共处很长一段时间，也不能感受到彼此间的心灵相通。当然也有不少人，因为利害关系而选择和某人相处。只要他们认为有利可图，奉承的话语也好，谄媚的态度也好，都会毫不迟疑地表露出来。在一些人看来，这是一种处世术，但绝不能让人感受到温暖。至少在我看来，我是绝对不可能和这样的人产生共鸣的。

在人际关系越来越淡薄的今天，只有人人都不断磨炼自身的感性，才能阻止这一趋势。如果你手头还有一封没写完的信，不要去依赖那些所谓的手册，而要认真地想想对方的感受。我们的感性，正是从这些地方磨炼出来的。

77 饱含真心的礼物是？

几天前，有位86岁的老人来到了我的办公室。因为在电视上看到了在大仓酒店举行的已故好友的"追悼宴"，故想特意和我商量一下他自己的身后之事。"关于我的身后之事，我死后葬礼该怎样办？该通知到哪些人？您能给我一些建议吗？"老人问道。他表示，自己死后，并不想举行一场盛大的葬礼，也不想铺张浪费，自己的这种想法究竟应该告诉谁呢？他感到非常困惑。

"我有两个儿子，长子已经60岁了，下面还有个小儿子，他们从没有对此说过什么，我也从没和他们提过。"老人说道。我告诉他，子女肯定不好过问父母的身后事。身为儿子，主动去问老父亲："爸爸您死后，想要办个什么样的葬礼？想要通知到哪些人？"这样的儿子，恐怕没有吧。

我继续说道："您应该主动和儿子商量这件事。不仅是告诉长子，应该把次子、儿媳妇等一家人都聚到一起。'儿子们，我死后不要铺张浪费。举行葬礼的话，可以邀请这些人来，向他们表达谢意,感谢他们多年来对我的照顾,这样一个简单温馨的葬礼最好了。'像这样,将你的真实想法传达给对方。把你的想法,毫无保留地传达给为你送行的家人,才是明智的选择。"

"好主意,我回去就做。"老人满意地说道。临走之前,他拿出了一个小盒子,是用泡沫苯乙烯制作的,上面还贴着彩纸,说道:"我闲来无事做了这么个小玩意儿。去浴室时,将眼镜等小物品放在里面很方便,您不嫌弃的话用用看吧。"

这个为了表达谢意的小礼物,不知为何,让我忍不住感叹:"真好!"大概是因为感受到了对方的真心,我一边表达谢意:"谢谢您,很开心能收到这样一个礼物,我一定会试试看。"一边将老人送出了酒店。

即使是用回收的泡沫苯乙烯制作的,但这个手工艺品饱含了真心,也给接受方带来了感动。这位老人的名字深深印刻进了我的心里。现在,有时候我也会突然想起这件事:"现在,他应该已经和自己的儿子们谈过了吧?"

78 "送礼物"比想象中要困难得多

为对方创造感动,这是能让对方对你抱有好感的有效手段。一提到"手段"这个词,往往会让人联想到那些欺瞒哄骗的小伎俩,当然我所说的"手段",与此完全不同。我所说的感动,接近于让对方理解自己,取得对方的信任,彼此间真情流露。如果你能这样想:"我想和他相处""我想向他学习""我想和他一起共事",自然而然,相处时你的语言、表情、动作,都会朝着这个方向努力。不肯听漏一个字的认真表情,表达了自己浓厚的兴趣、谦虚向对方求教的态度,以及对对方的敬爱之情。这些情感,都可以传达给对方。于是,对方的内心就会随之波动,感动就这样诞生了。

还有一种方式叫作以量取胜。日本自古以来,就有在中元节或是岁末送礼的习俗,用礼物来表达自己的感激之情,收到礼物的一方,也的确会被感动。然而,用物品来表达谢意,让对方感动,背后也蕴含着危机。

一开始只是互赠一些小纪念品,之后发展成巨额受贿案件的事，也是不胜枚举。如果在感谢或感动的情感里，夹杂其他东西，则会产生"欲望"或"打算"。当然，我并不是全盘否定赠送礼物，而只是希望读者们可以正确审视一下自己。

"赠送的礼物能不能代表我的真心？""这份礼物能不能传达出我的真实情感？"像这样，要不断提醒自己、审视自己，否则，那就不是用礼物寄托自己的情感了，而变成了用礼物收买人心，这与我们送礼物的初心，截然相反。

79 缘分不是结起来的，而是培育起来的

人与人之间的缘分，各有不同。

前几日，家在爱知县松山市的一对父子前来拜访我。儿子在东京某大学求学，马上进入求职期了。于是，想向我咨询一些求职建议。实际上，这是我与这对父子的初次见面。当然，我也没有开设什么求职咨询室，也不会有不认识的人前来咨询。事实上，这个男孩的祖父曾与我有20多年的交往。起初，我们因为一株小小的芦荟结缘。20多年前，因为工作原因，我曾到访松山市，从男孩的祖父那里得到一株小小的芦荟。众所周知，芦荟是药用植物，但当时的我，对于芦荟一无所知。男孩的祖父告诉我："如果被烫伤了，挤一点芦荟汁出来，涂上就好。"他一边说，一边将一株芦荟送给了我，话里话外都是对我的关照，令我备受感动。自那以后，我只要去松山办事就会拜访他，多年来，我们的友谊从未中断。所以他孙子到了求职的关键时期，马上想起来找我商量。

他大概和孙子说了，你去桥本先生那，咨询一下他的意见

吧。接到他的孙子想和我见一面的电话，我不禁感慨："这么快呀，他的孙子都要找工作了！"真是时光飞逝。20年前的那株小芦荟，至今仍在我家中顽强地生长着。如同我和他的缘分，也慢慢培育了起来。"你的爷爷和我是因一株芦荟结的缘，现在那株芦荟已经长大了。"这么一说，初次见面的紧张瞬间消失不见了。

我给他的孙子提供了不少建议，因一株小小芦荟开始的缘分，连接起三代人的情感。我对即将走进社会的男孩，说了很多严厉的话。"感谢！桥本先生，身为父亲的我都说不出的话，您替我告诉儿子了，真是万分感谢！"男孩父亲一边表达谢意，一边离开了。而我在心里，忍不住想："这是你爷爷的谏言呀！"今后，如果你在这严厉的社会中"受伤"，我也会好好扮演芦荟的角色。

80 回想一下那些曾与你结缘的人

1997年元旦，我收到了一位女士的来信。信中除了新年祝福，还写了这样的内容："在电视上看到您的采访，突然想起了43年前的事，您还记得吗……"一看信的署名，瞬间将我的记忆拉回到40年前。已经把她忘了？开什么玩笑。二十二三岁时，我还是一名酒店实习生，是她教给了作为新手的我基本的常识，她是我的恩人。

最令我印象深刻的是这样一件事。一天早上，我因为睡懒觉上班迟到了。工作时间较长的她，这样对我说："小伙子，再睡一会儿吧。这么早就必须起床，想想就觉得你可怜。"那时的我，正是血气方刚的年纪。我感觉自己大脑中，嗡的一下涌出一股愤怒之情。"可恶！把我当白痴吗！再也不给这家伙第二次说这样话的机会！"

事实上，年长四五岁的她，说话的方式也好，表情也好，都没有嘲笑、贬低新人的意思。渐渐地，我也能接受她独特的教育方式，从她那里，我学到了守时的重要性。

从那以后，我一直对她心怀感激："给您添麻烦了。感谢您悉心教导我。"虽然我们共事的时间并不太长，但是彼此间产生了深深的羁绊，所以我能轻松越过 43 年的空白时光，回到当时的情景中，且心中再次充满感动。

我马上给她写了回信，在不受拘束的文字中，我向她诉说了自己对她的印象。她在回信中写道，很高兴我还能这样回想起她，她一边读我的信，一边忍不住泪流满面。

人生就是不断的相遇和别离。在这个过程中，很多人，会渐渐埋没进时间的激流中，从我们的记忆中消失。能在我们内心深处留下深刻记忆的相遇也好，人也好，只是极少数。对于我这个已经年过 65 岁的老人来说，还会时不时地回忆起那些与我结缘的人。

关于"服务的细节丛书"介绍：

东方出版社从 2012 年开始关注餐饮、零售、酒店业等服务行业的升级转型，为此从日本陆续引进了一套"服务的细节"丛书，是东方出版社"双百工程"出版战略之一，专门为中国服务业产业升级、转型提供思想武器。

所谓"双百工程"，是指东方出版社计划用 5 年时间，陆续从日本引进并出版在制造行业独领风骚、服务业有口皆碑的系列书籍各 100 种，以服务中国的经济转型升级。我们命名为"精益制造"和"服务的细节"两大系列。

我们的出版愿景："通过东方出版社'双百工程'的陆续出版，哪怕我们学到日本经验的一半，中国产业实力都会大大增强！"

到目前为止"服务的细节"系列已经出版 130 本，涵盖零售业、餐饮业、酒店业、医疗服务业、服装业等。

更多酒店业书籍请扫二维码

了解餐饮业书籍请扫二维码

了解零售业书籍请扫二维码

"服务的细节" 系列

书　名	ISBN	定　价
服务的细节：卖得好的陈列	978-7-5060-4248-2	26元
服务的细节：为何顾客会在店里生气	978-7-5060-4249-9	26元
服务的细节：完全餐饮店	978-7-5060-4270-3	32元
服务的细节：完全商品陈列115例	978-7-5060-4302-1	30元
服务的细节：让顾客爱上店铺1——东急手创馆	978-7-5060-4408-0	29元
服务的细节：如何让顾客的不满产生利润	978-7-5060-4620-6	29元
服务的细节：新川服务圣经	978-7-5060-4613-8	23元
服务的细节：让顾客爱上店铺2——三宅一生	978-7-5060-4888-0	28元
服务的细节009：摸过顾客的脚，才能卖对鞋	978-7-5060-6494-1	22元
服务的细节010：繁荣店的问卷调查术	978-7-5060-6580-1	26元
服务的细节011：菜鸟餐饮店30天繁荣记	978-7-5060-6593-1	28元
服务的细节012：最勾引顾客的招牌	978-7-5060-6592-4	36元
服务的细节013：会切西红柿，就能做餐饮	978-7-5060-6812-3	28元
服务的细节014：制造型零售业——7-ELEVEn的服务升级	978-7-5060-6995-3	38元
服务的细节015：店铺防盗	978-7-5060-7148-2	28元
服务的细节016：中小企业自媒体集客术	978-7-5060-7207-6	36元
服务的细节017：敢挑选顾客的店铺才能赚钱	978-7-5060-7213-7	32元
服务的细节018：餐饮店投诉应对术	978-7-5060-7530-5	28元
服务的细节019：大数据时代的社区小店	978-7-5060-7734-7	28元
服务的细节020：线下体验店	978-7-5060-7751-4	32元
服务的细节021：医患纠纷解决术	978-7-5060-7757-6	38元
服务的细节022：迪士尼店长心法	978-7-5060-7818-4	28元
服务的细节023：女装经营圣经	978-7-5060-7996-9	36元
服务的细节024：医师接诊艺术	978-7-5060-8156-6	36元
服务的细节025：超人气餐饮店促销大全	978-7-5060-8221-1	46.8元

书 名	ISBN	定 价
服务的细节026：服务的初心	978-7-5060-8219-8	39.8元
服务的细节027：最强导购成交术	978-7-5060-8220-4	36元
服务的细节028：帝国酒店 恰到好处的服务	978-7-5060-8228-0	33元
服务的细节029：餐饮店长如何带队伍	978-7-5060-8239-6	36元
服务的细节030：漫画餐饮店经营	978-7-5060-8401-7	36元
服务的细节031：店铺服务体验师报告	978-7-5060-8393-5	38元
服务的细节032：餐饮店超低风险运营策略	978-7-5060-8372-0	42元
服务的细节033：零售现场力	978-7-5060-8502-1	38元
服务的细节034：别人家的店为什么卖得好	978-7-5060-8669-1	38元
服务的细节035：顶级销售员做单训练	978-7-5060-8889-3	38元
服务的细节036：店长手绘 POP引流术	978-7-5060-8888-6	39.8元
服务的细节037：不懂大数据，怎么做餐饮？	978-7-5060-9026-1	38元
服务的细节038：零售店长就该这么干	978-7-5060-9049-0	38元
服务的细节039：生鲜超市工作手册蔬果篇	978-7-5060-9050-6	38元
服务的细节040：生鲜超市工作手册肉禽篇	978-7-5060-9051-3	38元
服务的细节041：生鲜超市工作手册水产篇	978-7-5060-9054-4	38元
服务的细节042：生鲜超市工作手册日配篇	978-7-5060-9052-0	38元
服务的细节043：生鲜超市工作手册之副食调料篇	978-7-5060-9056-8	48元
服务的细节044：生鲜超市工作手册之POP篇	978-7-5060-9055-1	38元
服务的细节045：日本新干线7分钟清扫奇迹	978-7-5060-9149-7	39.8元
服务的细节046：像顾客一样思考	978-7-5060-9223-4	38元
服务的细节047：好服务是设计出来的	978-7-5060-9222-7	38元
服务的细节048：让头回客成为回头客	978-7-5060-9221-0	38元
服务的细节049：餐饮连锁这样做	978-7-5060-9224-1	39元
服务的细节050：养老院长的12堂管理辅导课	978-7-5060-9241-8	39.8元
服务的细节051：大数据时代的医疗革命	978-7-5060-9242-5	38元
服务的细节052：如何战胜竞争店	978-7-5060-9243-2	38元
服务的细节053：这样打造一流卖场	978-7-5060-9336-1	38元
服务的细节054：店长促销烦恼急救箱	978-7-5060-9335-4	38元

书　名	ISBN	定　价
服务的细节055：餐饮店爆品打造与集客法则	978-7-5060-9512-9	58元
服务的细节056：赚钱美发店的经营学问	978-7-5060-9506-8	52元
服务的细节057：新零售全渠道战略	978-7-5060-9527-3	48元
服务的细节058：良医有道：成为好医生的100个指路牌	978-7-5060-9565-5	58元
服务的细节059：口腔诊所经营88法则	978-7-5060-9837-3	45元
服务的细节060：来自2万名店长的餐饮投诉应对术	978-7-5060-9455-9	48元
服务的细节061：超市经营数据分析、管理指南	978-7-5060-9990-5	60元
服务的细节062：超市管理者现场工作指南	978-7-5207-0002-3	60元
服务的细节063：超市投诉现场应对指南	978-7-5060-9991-2	60元
服务的细节064：超市现场陈列与展示指南	978-7-5207-0474-8	60元
服务的细节065：向日本超市店长学习合法经营之道	978-7-5207-0596-7	78元
服务的细节066：让食品网店销售额增加10倍的技巧	978-7-5207-0283-6	68元
服务的细节067：让顾客不请自来！卖场打造84法则	978-7-5207-0279-9	68元
服务的细节068：有趣就畅销！商品陈列99法则	978-7-5207-0293-5	68元
服务的细节069：成为区域旺店第一步——竞争店调查	978-7-5207-0278-2	68元
服务的细节070：餐饮店如何打造获利菜单	978-7-5207-0284-3	68元
服务的细节071：日本家具家居零售巨头NITORI的成功五原则	978-7-5207-0294-2	58元
服务的细节072：咖啡店卖的并不是咖啡	978-7-5207-0475-5	68元
服务的细节073：革新餐饮业态：胡椒厨房创始人的突破之道	978-7-5060-8898-5	58元
服务的细节074：餐饮店简单改换门面，就能增加新顾客	978-7-5207-0492-2	68元
服务的细节075：让POP会讲故事，商品就能卖得好	978-7-5060-8980-7	68元

书 名	ISBN	定 价
服务的细节076：经营自有品牌	978-7-5207-0591-2	78元
服务的细节077：卖场数据化经营	978-7-5207-0593-6	58元
服务的细节078：超市店长工作术	978-7-5207-0592-9	58元
服务的细节079：习惯购买的力量	978-7-5207-0684-1	68元
服务的细节080：7-ELEVEn的订货力	978-7-5207-0683-4	58元
服务的细节081：与零售巨头亚马逊共生	978-7-5207-0682-7	58元
服务的细节082：下一代零售连锁的7个经营思路	978-7-5207-0681-0	68元
服务的细节083：唤起感动	978-7-5207-0680-3	58元
服务的细节084：7-ELEVEn物流秘籍	978-7-5207-0894-4	68元
服务的细节085：价格坚挺，精品超市的经营秘诀	978-7-5207-0895-1	58元
服务的细节086：超市转型：做顾客的饮食生活规划师	978-7-5207-0896-8	68元
服务的细节087：连锁店商品开发	978-7-5207-1062-6	68元
服务的细节088：顾客爱吃才畅销	978-7-5207-1057-2	58元
服务的细节089：便利店差异化经营——罗森	978-7-5207-1163-0	68元
服务的细节090：餐饮营销1：创造回头客的35个开关	978-7-5207-1259-0	68元
服务的细节091：餐饮营销2：让顾客口口相传的35个开关	978-7-5207-1260-6	68元
服务的细节092：餐饮营销3：让顾客感动的小餐饮店"纪念日营销"	978-7-5207-1261-3	68元
服务的细节093：餐饮营销4：打造顾客支持型餐饮店7步骤	978-7-5207-1262-0	68元
服务的细节094：餐饮营销5：让餐饮店坐满女顾客的色彩营销	978-7-5207-1263-7	68元
服务的细节095：餐饮创业实战1：来，开家小小餐饮店	978-7-5207-0127-3	68元
服务的细节096：餐饮创业实战2：小投资、低风险开店开业教科书	978-7-5207-0164-8	88元

书　名	ISBN	定　价
服务的细节097：餐饮创业实战3：人气旺店是这样做成的！	978-7-5207-0126-6	68元
服务的细节098：餐饮创业实战4：三个菜品就能打造一家旺店	978-7-5207-0165-5	68元
服务的细节099：餐饮创业实战5：做好"外卖"更赚钱	978-7-5207-0166-2	68元
服务的细节100：餐饮创业实战6：喜气的店客常来，快乐的人福必至	978-7-5207-0167-9	68元
服务的细节101：丽思卡尔顿酒店的不传之秘：超越服务的瞬间	978-7-5207-1543-0	58元
服务的细节102：丽思卡尔顿酒店的不传之秘：纽带诞生的瞬间	978-7-5207-1545-4	58元
服务的细节103：丽思卡尔顿酒店的不传之秘：抓住人心的服务实践手册	978-7-5207-1546-1	58元
服务的细节104：廉价王：我的"唐吉诃德"人生	978-7-5207-1704-5	68元
服务的细节105：7-ELEVEn一号店：生意兴隆的秘密	978-7-5207-1705-2	58元
服务的细节106：餐饮连锁如何快速扩张	978-7-5207-1870-7	58元
服务的细节107：不倒闭的餐饮店	978-7-5207-1868-4	58元
服务的细节108：不可战胜的夫妻店	978-7-5207-1869-1	68元
服务的细节109：餐饮旺店就是这样"设计"出来的	978-7-5207-2126-4	68元
服务的细节110：优秀餐饮店长的11堂必修课	978-7-5207-2369-5	58元
服务的细节111：超市新常识1：有效的营销创新	978-7-5207-1841-7	58元
服务的细节112：超市的蓝海战略：创造良性赢利模式	978-7-5207-1842-4	58元
服务的细节113：超市未来生存之道：为顾客提供新价值	978-7-5207-1843-1	58元
服务的细节114：超市新常识2：激发顾客共鸣	978-7-5207-1844-8	58元
服务的细节115：如何规划超市未来	978-7-5207-1840-0	68元

书　名	ISBN	定　价
服务的细节116：会聊天就是生产力：丽思卡尔顿的"说话课"	978-7-5207-2690-0	58元
服务的细节117：有信赖才有价值：丽思卡尔顿的"信赖课"	978-7-5207-2691-7	58元
服务的细节118：一切只与烤肉有关	978-7-5207-2838-6	48元
服务的细节119：店铺因顾客而存在	978-7-5207-2839-3	58元
服务的细节120：餐饮开店做好4件事就够	978-7-5207-2840-9	58元
服务的细节121：永旺的人事原则	978-7-5207-3013-6	59.80元
服务的细节122：自动创造价值的流程	978-7-5207-3022-8	59.80元
服务的细节123：物流改善推进法	978-7-5207-2805-8	68元
服务的细节124：顾客主义：唐吉诃德的零售设计	978-7-5207-3400-4	59.80元
服务的细节125：零售工程改造老化店铺	978-7-5207-3401-1	59.90元